INTELLIGENCE

智助

◎苏州市电化教育馆 编

古吴轩出版社

图书在版编目（CIP）数据

智助 / 苏州市电化教育馆编. -- 苏州 : 古吴轩出版社, 2021.5
（苏州教育信息化）
ISBN 978-7-5546-1741-0

Ⅰ. ①智… Ⅱ. ①苏… Ⅲ. ①教育工作－信息化－苏州－文集 Ⅳ. ①G43-53

中国版本图书馆CIP数据核字(2021)第193402号

责任编辑：李 倩
见习编辑：沈 玥
版式设计：陈 丽
装帧设计：赵 军
责任校对：胡敏韬 羊丹萍

书 名：智 助
编 者：苏州市电化教育馆
出版发行：古吴轩出版社
地址：苏州市八达街118号苏州新闻大厦30F 邮编：215123
电话：0512-65233679 传真：0512-65220750
出 版 人：尹剑峰
印 刷：苏州市越洋印刷有限公司
开 本：787×1092 1/16
印 张：8.25
字 数：161 千字
版 次：2021 年 5 月第 1 版 第 1 次印刷
书 号：ISBN 978-7-5546-1741-0
定 价：30.00 元

如有印装质量问题，请与印刷厂联系。0512-68180628

《智助》编委会

目录

学校实践

抓住“疫情”契机，迈出线上教育新步伐……王弘阳（002）
疫情下以线上教学为驱动的中小学新教学模式的探索实践……杨佳璐（008）
“烹小鲜”理论与学校疫情期间线上教学的管理与实践……陆　忆（014）
教育与移动科技接轨，疫情在家轻松学……周　唯（021）
“互联网+”环境下幼儿园防疫期课程之建构、审议与实施……张　丹（026）
疫情下小学生在线英语学习情况调查及优化建议……范舒宇（031）
线上学习时代，“互联网+”为德育筑阵护航……钱敏月（037）

教师实践

信息技术助力居家学习的思考与实践……吴敏娜（044）
防疫期间规模化线上学习情况调查研究……孙利平（050）
疫情之下，数学线上教学要找准立足点……洪诚杰（056）
后疫情时期小学数学线上教学的思考与实践……沈丽娇（062）
后疫情时代中职语文信息化教学探析……韩　燕（068）
疫情背景下基于希沃白板的初中语文阅读教学应用研究……陈媛捷（074）
疫情期间宅家科学学习模式的思考……高乃定（079）
疫情防控期小学语文居家作业设计初探……周静珠（085）
疫情防控期间高中生居家英语学习情况研究……苏　烨（092）
后疫情时代线上教育与线下教育的融合发展探究……顾妤晨（098）
疫情环境下，让幼儿居家学习“活”起来……江　芳（102）
“疫”+“E”，我们这样“云”互动……张　欢（106）
疫情期间居家学习的“教”“学”“引”……李明玉（111）
疫情防控期间小学生数学线上学习效果研究……景晓挺（115）
“支架理论”下疫情期间线上教学的启示与建议……赵宝韵（121）

学校实践

抓住“疫情”契机，迈出线上教育新步伐

□ 王弘阳*

【摘　要】“互联网+”的背景下，社会、人们的生活方式都在发生着变化。信息化的普及在特殊时期下对教育界也产生了较大的影响。疫情使得线上教育变为主要的教育方式之一。线上教育的产生帮助了教育者进行教育方式的改革，但由于过往经验少，线上幼儿教育开展还需要教育者不断地积累经验并摸索前行。

【关键词】疫情；线上幼儿教育；经验积累

随着社会的繁荣发展、物质生活水平的提高、科技水平的不断进步，信息化的普及程度也持续不断地提高着。信息化时代下，人们的生活和工作方式都在发生着巨大的变化。在教育领域，线上教育在很大程度上影响着原本的教育模式，促进着教育事业的发展。而随着新冠肺炎疫情的出现，线上教育这一方式走进了大众的视野。

一、深入探究，真正了解线上教育

距线上教育诞生其实已经有几年的时间了，但之前常因为各种现实问题，线上教育没有被系统地开展过，大多以偶然性活动的形式出现。线上教育作为新兴教育模式，其内容必然与以往的教育方式有着不同之处，而因为此次疫情，线上教育的特点也逐渐被大众认识。

（一）自由便捷性

线上教育相比传统教育，没有时间、空间的束缚，更具自由便捷性。教育教学不再

* 作者系苏州市吴江区横扇幼儿园教师，中小学二级教师

需要在指定的时间段内或局限于某一空间内进行。2020年新冠肺炎疫情的出现以及其带来的影响，使线上教育这一教育方式进一步得到了人们的重视，被更多人所采纳。教师与幼儿通过直播授课、视频会面等方式开展主题活动，既能使幼儿感受在幼儿园共同活动的氛围，又能使幼儿的身心得到发展，不受停课影响。

（二）角色转变性

线上教育相对于传统的集体教育，其特殊性较为明显。在幼儿园时，由于保教结合的教育方针，教师的角色既是保育者又是教育者。而在疫情期间，幼儿只能待在家中，保育者的角色便回到了幼儿的父母或其他家人手中，教师更多的还是承担教育者的角色。而教师作为教育者，并不是意味着完全不用关注幼儿的身心健康，对于幼儿的身体和心理发展，教师依旧需要进行关注和引导。教师可以指导家长在家进行教育或体育活动，如通过提供或创设一些亲子游戏、闯关挑战等帮助家长在家继续促进幼儿的身心发展。

（三）有效性

家长往往会质疑：线上教育是否有效；与在幼儿园相比，线上教学的质量是否有保证；家长需要如何进行辅助教学；等等。这便涉及线上教育在开展过程中的有效性。另外，教师在进行线上教育时，许多因素都会对线上教育的质量产生影响，如教育环境、教育资源、教育方式等，都会影响到线上教育工作的开展。

（四）影响性

在线上教育模式下，教育的环境发生了变化。原来的教育中，教学几乎都是在幼儿园中进行，现在则转到了网络虚拟平台，这样教育的环境就没有了限制，教育环境不仅仅限于教室内，更可以在家中或小范围的户外。教育的资源也有不同，网络资源、家长资源、社区资源、自然资源等都是幼儿线上教育的丰富宝库。

（五）辅助性

由于疫情的影响，幼儿大多时间只能待在家中，这时教育的主导者便成了家长。在幼儿园时，教育侧重于教师引导教育，并辅以家长的配合。而当教育的主导者转变后，侧重点到了家长的身上，变为由家长进行主要教育，即以家庭教育为主要形式，教师在活动的过程中给予适当的指导和一定的前期预设。

二、大胆实施，组织开展线上教育

受2020年新冠肺炎疫情的影响，全国各中小学都延缓开学甚至停课，在教育部门“停课不停学”的建议下，线上教育便成为此特殊时期下较为有效的教育方式。但对于没有过往经验的教育人员来说，线上教育其实也是一个不小的挑战。如何让幼儿在家也能像在幼儿园一样快乐地度过每一天并得到发展呢？在居家时期，老师又该如何开展好居家教育呢？笔者以苏州市吴江区横扇幼儿园如何开展线上教育及开发园本课程等为例进行一个实例的介绍。

（一）自主开发线上课程

在疫情背景下，我园采纳教育部门“停课不停学”的建议，围绕着相关指示和意见，园级领导和教研组的教师进行了讨论和研究。老师们围绕着如何搞好特殊时期的幼儿教育进行了预先的研讨并初步搭建了课程的框架。在疫情期间，常规的园本课程是否还能照常进行？是否需要根据当下的情况创设全新的园本课程？这成了老师们首要考虑的问题。经过思考和商议，教研组的教师决定以《幼儿园教育指导纲要（试行）》《3—6 岁儿童学习与发展指南》为立足点，基于实际情况和幼儿发展水平，创设一系列新的园本课程和主题内容。根据前期的调查，园内教研组将疫情期间幼儿的线上教育划分为几个部分，主要为“宅家有方”系列亲子教育等适宜居家开展的主题活动。

（二）线上主题活动的开展

初定线上教育实施的内容后，教师们便对主题活动的开展方式产生了不同意见，是参考中小学开展线上直播课，还是采用适合幼儿园的方式？幼儿园的教育不同于中小学，幼儿园教育没有固定的知识点，没有固定的教材，也没有固定的教学范围，而更多的是教师引导着幼儿，带领着幼儿不断地探索，不断地去汲取新的知识和技能，帮助幼儿提高自己的学习水平，增添生活经验。在幼儿教育中，教的主体是教师，而学的主体则是幼儿。因此，幼儿教育并不完全适合直播课的方式。集体活动对于幼儿其实只是一种学习方式。在疫情的特殊情况下，考虑到家长的配合情况以及时间分配等因素，最后教研组决定以在公众号上进行系列文章推送、精简主题形式的方式来开展幼儿线上教育。

在线上教育开展初期，家长普遍没有幼儿教育的专业知识和经验，这就需要幼儿教师为家长预设好教育的方向和指导方法。我园在活动初期并没有直接进行完整的主题推进，而是先开展了“宅家有方”系列亲子教育，通过每日发布不同的活动参考（如疫情防控的宣传教育、亲子游戏、手工制作、艺术创作表演等）帮助家长做出与孩子相处初步的安排。《幼儿园教育指导纲要（试行）》中提出：“教育活动内容的组织应充分考虑幼儿的学习特点和认识规律，各领域的内容要有机联系，相互渗透，注重综合性、趣味性、活动性，寓教育于生活、游戏中。”游戏是幼儿最基本的活动方式，幼儿在学前年龄最多的活动便是游戏，如户外游戏、角色游戏、扮演游戏等等，而如何在居家生活中的运用好游戏便是我园这次线上幼儿教育的主要内容。“宅家有方”系列一共推送了20期，在这20期内容中，教师们依据《3—6岁儿童学习与发展指南》中五大领域的发展目标为不同年龄的幼儿进行了游戏资源的整理以及新游戏的创设。“宅家有方”系列对于线上幼儿教育来说，更大的作用是“缓冲”，使家长逐渐感受到教育方式的变化，从而逐渐主动参与到教育活动中，在家中能够更好地进行幼儿教育，使得幼儿在居家期间也能够得到相应的发展，更好地度过这个特殊的假期。

在线上教育实施的中期，我园教研组的老师调整了线上教育的内容。教研组的老师们根据“春天”这一主题，组织了一系列主题活动。萝卜花、蚕豆花、家乡、野菜花、小蝌蚪、螺蛳，一个个都成了幼儿探究的对象。

到了4月，教研组的老师创设了新课程“阅读主题月”。该课程以4月23日世界读书日为契机，结合疫情期间幼儿和家长大多都是居家的情况而创设了适宜的主题课程。在读书月的初期阶段，教师们并未直接开展课题互动，而是采用“云家访”的形式经常与幼儿进行连线交流，幼儿在视频中分享自己的居家生活、自己的趣事等。这一系列前期的活动是为了让幼儿能够进行社会性的交流，同时也证明了在线上利用语音、视频来进行交流反馈的方式是可行的。在证实了线上云活动方式的可行性后，老师们便进行了主题课程的开展。首先，教师们在班群中进行“幼儿好书推荐及推荐理由”的调查。家长在得到消息后，积极配合，纷纷与幼儿一起向其他人推荐图书。当遇到推荐了同一本书时，推荐的家庭还会就这本书的内容进行探讨，发表自己的看法。再次进行“云视频”时，有些幼儿已经能够主动向他人介绍自己喜欢的书或故事。提倡亲子阅读，其实主要还是提倡家长对孩子的陪伴。家长愿意每天用一些时间陪伴幼儿，真正地和幼儿一起阅读时，孩子就会知道他不是孤独地一个人在看书。《幼儿园教育指导纲要（试行）》中要求：“利用图书、绘画和其他多种方式，引发幼儿对书籍、阅读和书写的兴趣，培养前阅读和前书写技能。”对于不阅读文字的幼儿，家长可以灵活改变阅读的表现形式，如将故事演出来或者用提问对答的方式一步一步引导幼儿。为帮助幼儿养成持续阅读的好习惯，教师们还开展了“21天阅读打卡”的活动，通过家长每天在群内上传讲故事视频、文字、照片等内容的方式，培养幼儿阅读的好习惯。

以上的主题课程在开展的过程中，几乎全都是以线上教育的形式开展的。在整个教育的过程中，教师们还会定期地与幼儿利用网络进行视频会话，开展“云交流”活动。

幼儿在视频会面的过程中，能够将自己的发现和想法与老师进行交流，教师也能根据幼儿的反馈来进行分析和总结，对幼儿的发展进行指导与评价。

三、反思不足，再次审视线上教育

在线上教育中，随着主题活动的开展，面对新兴教育形式，教师们难免会遇到始料未及的新情况和新问题。有利便有弊，即使线上教育有着自由、便捷等特点，但同样也显露出了一些缺憾。

（一）师幼直接互动的缺失

与传统的教育相比，线上教育中的师幼互动大多是间接的，需要家长或第三人进行辅助反馈，间接互动使得师幼互动的有效性受到影响。而传统教育中的师幼互动是直接的，教师可以直接从幼儿处得到第一手的反馈，更准确地对幼儿进行评价。

（二）幼儿的社会性发展受到一定的限制

在幼儿成长中，社会性的发展对于幼儿至关重要。“社会性领域的学习与发展，其实质在于促进儿童社会化，并在社会化的过程中逐渐形成良好的社会性与个性。”在线上教育的过程中，幼儿与幼儿之间互动少，小组合作、人际交往等方面也因此受到了一定的影响。

（三）效率偏低

在课程开展的过程中，家长的反馈程度参差不齐。由于家长平常还有工作，并不是时时刻刻都能陪伴在幼儿身边，孩子参与线上教育的情况也就因此受到影响。往往当教师开展线上教育活动时，正好遇上家长有一些其他的事，不能与孩子一起参与活动。当此类情况经常出现时，孩子的积极性以及课程开展的效率也必然会受到影响。

四、积累经验，持续推进线上教育

根据课程开展过程中发现的问题，教师们展开了讨论，提出了一些应对的策略，在后续的线上教育中实施完善，以便线上幼儿教育能够更加顺利地开展。

（一）尽量保持师幼视频的质量

教师在“云视频”互动时，多让幼儿进行讲述，多听取幼儿本人的感受和想法，同时教师给出以幼儿视角为参考的评价和指导意见。

（二）加强与家长之间的沟通

家长的想法同样也非常重要。家园共育作为线上教育的主要方式之一，家长在其中起到的作用是非常大的，家长良好的配合能够帮助教师更好地掌握幼儿的情况，以便开展好线上教育。

（三）线上主题教育需得到延续

线上的主题教育应该继续延续下去，当主题教育到尾声时，并不意味着就此停止，而是可以对幼儿在主题教育中的成长进行总结，建立幼儿个人的发展档案，等到了一定时间后，幼儿可以回顾自己的成长，感受自己的收获。

（四）教师不断总结经验

教师在主题教育开展的过程中，要不断观察，及时发现并收集遇到的困难或问题，将方法与经验进行统筹，以便今后在开展后续线上教育主题活动时能够有所参考。

五、结语

线上教育打破了时间和空间的限制，作为特殊时期下可采取的较为合适的教育模式，让幼儿有了更多的学习方式和学习体验。社会的进步、信息技术的发展给教育界带来了较大的变化，“互联网 + 教育”的模式对教师也是一个新的挑战。如何更好地开展线上教育，对于教育者们来说将是一个不断探索前行的长期课题。

参考文献

[1] 冯晓霞 .《指南》社会领域要点解读 [J]. 幼儿教育，2013（Z4）：6-8.

疫情下以线上教学为驱动的中小学新教学模式的探索实践

——线上教学战“疫”记

□ 杨佳璐*

【摘 要】随着信息化时代的到来，“互联网 +”已成为现代化教育发展的必然趋势，线上学习模式也逐步被学习者所接受。本文主要阐述了在新冠肺炎疫情背景下，为解决教学困难，学校以线上教育为驱动，以建立“校本教学资源库”为契机，从实践探索（顶层设计、具体构建等方面）和经验思考两个维度出发，围绕“以学生为中心”，建构“线上教学 + 线下巩固 + 及时反馈”深度融合的新教学模式，将学科主题式学习嵌入信息化教学，从而实现“停课不停学，停课不停教”。

【关键词】线上教学；线下巩固；信息化教育；校本教学资源库；疫情

一、背景概述

随着信息科技的高速发展，人类迈入了信息化时代。现代化教育也紧跟时代步伐，手机视频、网络阅读、在线测评、直播微课等新型学习方式，不断涌入教师的教学、学生的学习中。越来越多的学生和家长逐渐接受线上学习模式。线上教学也已逐步成为现代信息化教育发展的显著特点和重要方式。

2020 年伊始，一场疫情以迅雷不及掩耳之势席卷全国。为保障全国近 3 亿师生的生

* 作者系苏州工业园区外国语学校教研处副主任，中小学一级教师

命安全和身体健康，教育部在 2 月份下发了 2020 年春季延期开学通知，鼓励师生利用信息化教育资源和网络平台，合理开展线上教学。各省、市、地区教育相关部门陆续推出系列直播课程和精品微课，助力师生实现线上无忧教学。

二、探索实践

（一）疫情下的教育现状分析

新冠肺炎疫情的迅速蔓延，对 2019—2020 学年春季学期各学校的教学工作产生了巨大的影响，给学校和教师带来严峻的实际教学困难，主要有：师生分离、生生分离、师校分离、生校分离。没有了校园里的教与学，并非没有了教育；没有了学校的课堂，也并非没有了学习。为解决特殊时期出现的教育、学习问题，分离式教育的特殊教学模式应运而生。

这一特殊教学模式，并非教师简单地使用网络和信息化手段，将面对面的学校课堂教育搬至家庭及信息化设备前。教学从顶层设计到具体构建，将涉及学校管理、教务安排、教研活动等各个层面。如何设计课程教学、构建知识传授和技能训练的脚手架，让学生有效学习新知识、巩固知识、训练技能，成为每位教师面临的挑战和肩负的使命。创新的教学理念、全新的课堂环境，驱使教师迅速适应在线教学，预估可能性问题，充分考虑学生学习差异，理性调整教学方法、策略，设置个性化学习任务，深度融合线上教学与线下巩固。

（二）新教学模式的顶层设计

在线教学有两大核心：平台（包括工具）和内容。稳定的教学平台和便捷的媒介工具是在线教学的桥梁；高质量的课程知识点梳理、系统的线下巩固练习是在线教学的保障[1]。针对学生无法到校、不能参与课堂学习的状况，我校小学部、初中部开展了形式多样的“停课不停学，停课不停教”线上与线下相结合的活动，让学生通过平台有效参与学习、巩固学习。

1. 稳定的线上教学平台和精进的教学内容

教师将教学阵地从三尺讲台转移到线上平台，纷纷启用网络授课：或事先备课、录制微课，把知识点通过微型教学视频的形式呈现；或借助 ZOOM、腾讯会议、钉钉、晓黑板等平台进行线上直播教学及课后学习情况跟踪；或结合江苏省“名师空中课堂”

[1] 施黎伟.《线上教育驱动下高中新教学模式的探索实践——以苏州市第三中学校构建精品校本资源库为例》[J]. 中国教育信息化，2020(04):24-28.

的“抗疫助学”课程[2]和“苏州线上教育中心”[3]的课程等，将教学资源深度融合……给学生们营造一个可随时随地参与知识学习和技能分享的环境[4]。其教学内容，除标准教学大纲外，教师还针对本校学情，借助优质的外部资源，连接适合本校学生的辅助资料。如我校英语科目，针对校本学术英语课程（小学：*Super Minds* 系列，*Spotlight On English* 系列；初中：*Unlock* 系列）之“学科跨界阅读”，结合双语数学、双语科学的学科教学，适当布置阅读数学、科学主题的英语读物的任务和配套任务单。

另外，学校相关教学行政部门（教研处、教务处）将这些视频、微课等收集整理，让原本静止的微课、知识点视频、专题内容流动起来，带动学生在线下巩固、学习，逐步促成不断积累、共享校本数字化资源——“校本教学资源库”的体系化建设。

2. 系统的线下巩固和及时、有效的家校反馈

人类学习是一个综合的、完整的过程。线上学习作为一种学习形式，线上部分（课中）大多围绕吸收新知识。而学生作为学习主体，其知识预习（课前）和知识、技能的掌握（课后）则在线下，一般通过大量的练习活动来巩固。因此，除了线上教学外，线下巩固（包括作业的布置和批改、辅导答疑）时，家长和教师之间通过微信、QQ 群等沟通载体的及时互动，一起组成了新教学模式“学习—反馈—巩固”的闭环机制。学生学习活动的结果，通过家校沟通及时反馈给双方（学生和教师），一来学生可检查自己对学习内容的理解和学习成果，查漏补缺，有问题可通过回看录播等及时解决；二来教师可通过反馈来检查学生知识和技能掌握的程度，进一步调整、优化授课方式。这一形式打破了传统课堂教学方式下学生对教师的依赖，深度融合了线上知识吸收与线下练习巩固的整体学习方式，弥补了传统课堂隔天反馈学习结果的不足，促进了学生的线上学习。

（三）新教学模式的具体构建

教师的职能是根据学科特点，针对各阶段学习对象的心智发展水平、当下的学科知

---

[2] 江苏省“名师空中课堂”是省教育厅推出的在线智慧教育服务平台，涵盖所有中小学科目课程，设有互动课堂、点播课堂、家长课堂、在线答疑等。2020 年 2 月 10 日推出“抗疫助学”课程，包括三期课程资源：防疫知识、心理健康辅导和居家体育活动等普及内容，共 31 讲；初三、高三的主要考试科目的复习课，共 220 课时；春季学期前两周的其他学段学科课程内容，共 288 课时。

[3] 2018 年，苏州市教育局推出了“苏州线上教育中心”平台。该平台以“苏州名师全过程全免费”为核心理念，贯通线上线下、统筹教师资源、融合课内课外，为从小学到高中阶段的学生提供在线教育服务。目前主要有课程资源、网络答疑、在线直播、学习行为数据分析四大类教育服务功能。

[4] 焦建利．慕课给基础教育带来的影响与启示 [J]．中小学信息技术教育，2014(02):10-12.

识基础、学业能力和需求等，设定科学的学习框架，设计以问题为导向的合理的学习任务，并辅助学生辩证思考，将相关知识的脉络贯穿起来，形成认知大纲、学科建构，从而有效完成学习任务。

1. 建立数字化资源的标准规范，组织分专题模块备课，共享共用

考虑到疫情期间线上教学工作量较大的问题（尤其是视频、微课制作，比常规备课耗时更多），在教研组的统一管理下，学科教学单元内容被分设成专题模块，本年级同学科教师先认领分模块备课任务，进行分工，按照标准规范完成专题完整备课。然后由教研组长把关审核，优化备课内容和教学材料，关联线上教学和线下的巩固学习材料，最后统一端口汇总至本校的“校本教学资源库”，便于本年级同学科教师下载用于其教学活动。

2. 以学生为中心，秉承先学后教，开展任务式学习模式

线上教学突破了时间、空间的制约，资源可随时随地共享，但也要求学习者具备较强的自制力。苏霍姆林斯基[5]说：“只有能激发学生自我教育的教育，才是真正的教育。”作为教育者，要实现学生学习的效果最大化，就要承认学生的主体地位，从学生自身抓起，充分发挥其在学习和实践活动中的主体作用，适当引导其学习“自治”[6]，即学习自己管理自己，增强自我认识，由内而外增强自我激励、学习的能力和管理能力。

因此，线上教学过程，教师应“以学生为中心”，兼顾“课前＋课中＋课后”三个阶段，并在每阶段嵌入相应学习任务，即课前，通过翻转课堂[7]等录制“小而精”的专题视频（约5分钟），收窄针对性知识点（尽量只讲某一个知识点），让学生先学；课中，合理解析重、难点，配套随堂可操作的对应在线练习或任务，并当堂立即反馈练习结果；课后，布置学生可独立完成的家庭作业（即不将学习任务转到家长端），辅助学生举一反三，并及时批改作业，针对错题一对一答疑解惑，解决存疑，实现“知识学习＋任务解决”的有效结合。

3. 构建知识与其他资源的融合，引领学生将被动吸收转化为主动探究

线上教学，对教师而言，因教学环境不再是面对面、可直接管理的课堂，在充分考

[5] 瓦·阿·苏霍姆林斯基（1918—1970），苏联著名教育实践家和教育理论家。

[6] 陶行知．学生自治问题之研究 [J]．教学管理与研究，2018（07）：4—8.

[7] 翻转课堂，相对于传统课堂而言，将教师讲解知识以微课形式放到课前，先让学生学习，再回到课堂，让学生完成作业，解决学生自己解决不了的疑惑。

虑学生学习差异的同时，更需重视在线教学的多样性、灵活性和丰富性。从直播课到视频课的制作，教师可以搜集有趣的线上资源，与需教授的知识点融合，打破传统的“满堂灌”，不仅能让学生看和听，而且通过资源导入可以激发学生的兴趣，充分发挥学生的想象力，调动学生积极性，让学生产生内生动力，主动参与到线上教学活动中来。实践证明，学生全程以“主人”身份“现身说法”，主动参与学习活动和实践探究，遇到问题时，更容易辩证思考，理性判断，从而解决问题。在这个过程中，教师可以施以援手，但不可代替学生思考。这样，学生在被引导下逐渐形成自我学习的意识，从而进行自主研读和思考，甚至有可能实现叶圣陶[8]先生所说的“教是为了不教”。

4. 少一些“课”的强制，多一些师生、生生相互之间的交流

线上教学过程中，因大多数学生的学习环境是家，而家本身是一个生活的环境，故而线上教学需兼顾一定的趣味性，少一些“课”的传统概念，多一些师生互动和生生互动的引导。除此之外，教师应多思考、巧设计，合理统筹分配学生线上、线下的学习时间和精力，以保证大部分学生及时学习、完成任务。

三、经验思考

（一）通过学生问卷调查结果，初探其对线上教学的态度和教学效果

通过收集家长和学生的问卷调查及访问、沟通反馈，学校统计了小学和初中学段的学生和家长对疫情期间（本调查主要时间段为 2 月至 4 月）线上教学的态度，并初步评估了线上教学效果，发现比起线上直播教学，约 78% 的学生更偏向于“小而精”的专题学习视频，且 93% 的学生都能在规定的时间完成并上交对应的巩固练习作业。这说明了专题视频学习更具便捷性，且是为解决问题服务的。只有解决了学生的切实问题或学习疑惑，才能呈现较好的线上教学效果，被更多学生所接受和喜爱。同时，以问题为导向的有效练习也体现了视频学习与巩固练习之间相互促进的良性循环。

（二）通过教师访谈，分析线上教学效果

针对本校中小学教师对线上教学的态度，以及在线上教学中所付出的时间、精力等问题，学校对 10 余位教师进行了较具深度的访谈，得到如下的反馈：线上教学通过分专题模块备课，虽前期备课、视频制作等需投入的时间、精力较大，但一次备课能被循环反复使用，达到年级组内资源共享，为“校本教学资源库”储备了基本素材，为以后

[8] 叶圣陶（1894—1988），现代教育家、作家、社会活动家和文学出版家。

的教学改进创造了条件。

（三）科学反思，分析我校线上教学的不足

1. 需注意教师的相关专业技能培训

在大环境的助力下，线上教学越来越被认可，且成为未来教育的趋势。作为“互联网+”时代的教师，信息化的辅助学习方式确实能提供一定真实、有效的帮助。但不可否认，线上教学对教师团队有较高的要求，不仅要求教师具备扎实的课堂管理和教学能力，还要有较强的信息化技能，如微课录制、视频制作、在线编辑、在线作业批阅等，甚至还要有直播表达能力。而这些专业技能需要学校组织教学研讨和配备教师能力发展相关的培训。因疫情突如其来，不少教师的线上教学专业技能并未能及时得到培训，老师们大都通过自学习得。故而，微课、视频等的制作能力有待进一步提升。

2. 需学校、学生、家庭的相互配合及统筹管理

线上、线下的教学融合，离不开学校、学生、家庭三方面的统一配合。比如，一些学生可能在面对网上的诱惑时，利用线上学习为借口，通过网络做与学习无关的事情。所以，学校教师须跟家长做好思想工作，邀请其适当监督学生的线上学习，才能有效、顺利地推进线上教学的实施。另外，学校与家庭需保持及时、有效的家校沟通，学校应将学生线上学习的情况定期反馈给家长，以便家长及时掌握孩子的线上学习情况。

除此之外，学校还需设计更科学的学生线上教学考评方式，并安排专人负责考评数据处理，专业分析相关考评结果。

3. 需建立优化“校本教学资源库”管理机制

随着线上教学内容和素材的不断积累，为保持“校本教学资源库”的活力，学校需要建立灵活的优化管理机制。例如，当同一专题遇到两个或两个以上视频或素材时，教研组需要通过该优化机制择优更新资源库。

总之，传统课堂教学与线上教学各有利弊。要真正做到教育、教学活动与技术融合，还需要我们不断反思、研讨、实践。只有线上、线下相互促进，才能更好应对各种未知的挑战。

参考文献

[1] 陈玉琨，田爱丽．基础教育慕课与翻转课堂问答录 [M]．上海：华东师范大学出版社．2016.

“烹小鲜”理论与学校疫情期间线上教学的管理与实践

□ 陆 忆*

【摘 要】2020年初，我国教育和各行各业一样，都面临着疫情防控和复工复学的双重压力。对于学校来说，面对着这种前所未有的情况，我们能做的是主动作为、边实践边探索。困难不小，但办法总比困难多。如何夺取“双胜利”？我作为一线的教学工作者和管理者，从实践出发，边学边做，在上级的指导下，采取了一系列的措施，取得了一定的成果。如今回顾整个线上教学的管理过程，虽然不像治理一个国家那么复杂，但我还是想到了“治大国如烹小鲜”这句话。本文就试图以“烹小鲜”做比喻，总结和梳理本校的一些线上教学的管理和实践中的经验和做法。

【关键词】线上教学；烹小鲜；教学管理；实践

“治大国如烹小鲜”是《道德经》中的一句话，意思是治理大国就好像烹调小鱼，油、盐、酱、醋、料酒要恰到好处，不能过头，也不能缺位，另外要适时翻动，但过分翻搅，鱼就烂了。2020年初，寒假因新冠病毒疫情而延长。本着“停课不停学”的指导原则，线上教学在全国范围内全面开展。“建国君民，教育为先”，教育是大事。虽然近年来一些大学和校外机构已尝试开展线上教学，如Mooc（慕课）、远程教育、一对一在线辅导等，但对于我们公办学校特别是广大义务教育阶段的中小学校而言，线上教学仍是

* 作者系常熟市海虞中心小学副校长，中小学高级教师

新事物，需要我们边实践边探索。我是乡镇小学的一名英语教师，站在教学的一线，同时也是管理者，在线上教学的过程中，我深切感受到了线上教学的管理与实践，同样需要我们以“烹小鲜”的指导思想去把这件事情做好做实。

一、“鲜美”是线上教学的灵魂

“烹小鲜”的目的是烧出鲜美的菜肴，就像烧一条小鱼，要把它烹调好，不管你是油炸、清蒸，还是红烧，形式不是最重要的，重要的是目标明确，即把它烧得鲜美。同样，线上教学是手段，是形式，其目标和线下教学一样，就是教书育人，立德树人。脱离了这个目标，为了形式而去做则失去了教育教学的灵魂，忘却了教育教学的初心。随着移动互联网的普及，我们当地的教育行政部门其实早在2019年的下半年就启动了“名师空中课堂”“线上教育平台”等的搭建，涵盖了手机端、电脑端和有线电视端，这为我们进行线上教学提供了很好的平台。线上教学是好事情，但把好事情办好，需要多站在家长和学生的角度去思考。小鱼若烹调得鲜美，大家自然排队来尝，这点我们要向一些线上教育平台学习，吸收他们的长处来弥补我们的不足。例如在“学习强国”平台上就有不少好的课程，其内容生动活泼，就很值得我们学习，而很多校外线上教育机构的课程讲解深入浅出，广受学生和家长的欢迎，都是非常好的学习对象。但因为校外线上教育有着商业性质，而我们是公办学校，面对的是学校里的每一个孩子，要做到不让班上的任何一个孩子掉队，则需要我们有更大的担当，这样才能把线上教学真正做好，才能称得上“鲜美”。

二、“烹制方法多样化”是线上教学的必由之路

都说众口难调，烹调的方法需要多样化，这不仅是由不同人有不同的口味决定的，而且也是由烹调的食材决定的。对应到线上教学，教学对象和教学内容的差异性决定了线上教学形式的多样化。线上教学的形式有很多，途径也有很多。形式上有在线直播教学，观看录播，微信、QQ群内教学，微信公众号推课，抖音短视频，家校通短信作业布置等，途径则有省、市及校级的“名师空中课堂”“线上教育平台”等。我们说众口难调，一种方法管到底的“烹调方法”在我们进行线上教学的过程中是要避免的，特别是我们面对的是中小学生，我们要考虑到他们的年龄和心理特点。他们不会像高中、大学生那样有较强的自我管理和理解接受能力。因此，我在实践线上教学和对全校教师进行指导的过程中，第一个明确的要求是立足学生和家长的实际情况，线上教学的形式由大家自由选择，但一定要做到有效、实用且易操作。

在实践的过程中，我发现不同学科采用不同的线上教育的形式，都得到了良好的效果。比如说，语文和英语方面，不少老师利用QQ群中的作业功能进行作业的布置，学生可以单独提交语音录音（如朗读和背书）或作业照片（如抄写、默写）至教师端，教师可以逐一进行批改并由系统单独发送给学生；数学方面，不少教师将线上教学中的好的录播课进行下载后发到班级群中提供给学生学习，然后利用QQ群布置作业，学生提交作业后，教师在群内通过录制微课的形式对学生的问题进行统一评讲；美术学科通过学校微信公众号将绘画过程以图文的形式呈现，简明扼要；防疫方面，以抖音短视频的形式将如何正确佩戴口罩、如何进行七步法洗手直观地呈现在学生和家长的面前……这些线上教学形式多样，但全都是立足于学生和家长，力求选择最优的方法，如同使用不同的烹制方法，使线上教学满足不同学生的口味需求，达到理想的效果。

三、“厨师的培训”是线上教学的关键

如何“烹好小鲜”，厨师是关键。为了让我们学校的教师尽快对线上教学熟悉并上手，我做了“明确线上教学的原则和目标”和“对教师进行适当的线上教学技术培训”两个方面的实践和探索。

（一）明确线上教学的原则和目标。强调要立足于学生和家长的实际，以实用、有效、易操作为原则组织线上教学，同时根据不同学科提出不同的教学目标。

1. 语数英方面：注意三分学七分练的教学原则，相关任课教师是第一责任人，注意掌握线上教学的主导性和主动性。等疫情结束后由教导处牵头，各教研组长、备课组长具体负责，及时做好总结和评估。

2. 体育健康方面：一要分年级确定在家锻炼的项目和目标并告知每位学生和家长，等疫情结束后各班的体育任课教师要组织学生进行一次体能测试。二要通过微课、视频、公众号等方式，结合室内大课间活动方案，教授一套室内操，返校后进行班级室内操评比。

3. 音乐方面：通过微课、视频、公众号等方式每周或不定期教学一两首歌曲，等疫情结束返校后任课教师要对学生的掌握情况进行检查巩固。

4. 美术方面：通过微课、视频、公众号等方式进行教学，并布置一定作业或作品制作，等返校后及时将相关作业、作品收齐，进行批改或评比。

5. 科学、综合实践、信息技术、道德与法制（心理辅导）等方面：通过微课、视频、公众号等方式进行教学，创设相关内容时要注意学生在家的实际情况，建议设置适合家庭开展的综合实践小研究或科学小实验。

6. 特殊教育方面：通过电话、短信、网络等形式进行一对一的学习生活指导。

（二）对教师进行适当的线上教学技术培训。线上教学对于大多数教师来说是从来没有尝试过的，这就像是一位厨师，面对新的烹调器具，一定要进行操作方面的培训之后才能更好地胜任工作。我在制定学校线上教学实施方案的同时对这个问题进行了思考和实践。我结合自己平时教学的实践经验，向教师提供了几方面的技术支持：一是 QQ 群的作业布置功能，二是用录屏软件进行简单的微课制作，三是利用视频会议功能轻松实现教学的直播。

1.QQ 群的作业布置功能。因为我在管理岗位，平时经常要外出开会和参加培训，一周经常有一小半的时间无法在学校进行班级的教学，所以在实践过程中我逐渐学会了利用 QQ 群的作业功能进行线上的作业布置与辅导。比如说遇到英语新课的预习，我会让学生听录音将单词表读熟之后上传一遍语音，然后我逐一进行纠音并反馈给每一名学生。遇到普遍性的发音问题我就在 QQ 群内一起讲解，个别问题我则会在学生的作业中进行反馈，如果需要更细致的单独辅导，无须添加好友即可直接聊天；另外对于个别没有提交作业的学生，不需要教师再去一个个比对，系统会自动告诉你谁还没有完成，对于这些学生可以一键进行提醒，非常方便，效果较好。

2. 用录屏软件进行简单的微课制作。现在有许多微课制作软件，功能很强大，但对于如今全面铺开的线上教学来说，简单、好用才是关键。就像当年课件制作过程中 PPT 与 Authorware 的竞争一样，虽然 Authorware 凭借着其强大的功能一直被一些专业人士认为是课件制作的神器，但因为其难度颇大，最终被简单、好用的 PPT 赶出了教学办公的主阵地。因此，我在对教师进行线上教学技术培训的过程中，并没有选择那些功能强大的微课制作软件，而是直接选择了非常容易上手的录屏软件。通过应用软件市场进行查找，可以找到很多这类免费的软件，如 EV 录屏等。一键开始录屏，一键停止，然后直接将生成的视频转到 QQ 群或微信群中即可，非常方便。当然在实际的操作过程中，还有更加直接、实用的方式就是直接通过手机进行录像上传，也很方便。我在给教师培训的时候，对于上文提到的 QQ 群作业功能的使用就是通过手机录像的方式发在教师群里进行讲解的；而对于录屏软件的安装和使用，我就用录屏的方式录制成了微视频进行讲解，清晰直观，效果令人满意。

3. 利用视频会议功能轻松实现教学直播。教学直播是最接近线下教学的形式，具有反馈及时、互动方便等多种优点。但如果要通过某一特定的平台来实现，最好的平台则是像QQ、微信这类的全民软件，教师和学生、家长普遍都有的。这个功能也是我在和部分教师进行线上视频会议的过程中偶然发现的。使用方法很简单，一是直接利用已经建立的QQ或微信群，进群后点击右下角加号，然后选择语音通话（QQ中语音和视频通话是分开的），全选或勾选部分成员后即可进行语音或视频的教学直播。另外一个方法是通过打开微信中“腾讯会议”小程序，然后邀请学生加入即可。当然视频教学直播有一个很大的限制是要求教学过程中教师和学生必须同时在线，所以我认为面对整个班级要灵活使用，可以在必要时小范围进行，如果全班进行，对于初中生和小学生等自我时间管理能力不强的孩子来说，不能列为主要的线上教学形式。

四、培养厨师的好帮手——家长是最好的助教

线上教学的成功，对于义务教育阶段的中小学生来说，特别需要家长的配合。应该说家长是最好的助教，就像是厨师需要有人帮忙把食材准备好才能开始做菜一样。我们需要与家长进行充分的沟通并得到他们的配合。这次线上教学算是一次很好的家校进行磨合协作的契机。但这需要我们教师发挥主导作用，一方面避免简单和一刀切的做法，把一些教育主管部门的指导意见、推荐的课程一股脑发给学生家长让他们自己去完成；另一方面不要忽视了自己教育的主导作用，不能全部照着平台上的内容去操作，而不考虑本班学生的实际、家长的实际。所以在制订学校线上教学方案的同时，我要求广大教师要积极主动地与学生家长沟通，对于一些家长帮助孩子提交作业方面的操作要进行耐心指导；考虑到学生没有拿到教材，要主动提供教学内容的相关电子材料；考虑到家长的精力有限，对于网上课程要精选后再推荐；同时应该主动作为，通过录制一些简短而实用的微课、布置一些不需要家长配合或是家长容易配合的学习任务让学生完成。即使选用的网上课程也最好要去粗取精，有取舍地推荐给孩子学习并将课程与线上答疑和辅导有机结合，避免学生过分依赖家长且增加家长负担的情况出现。应该说，通过以上相关指导意见，我校家校在线上教学方面的配合整体情况反映良好，线上教学方面没有接到过一例投诉。

五、“必要的翻动”——加强线上教学的过程管理

在烹调小鲜的过程中，我们不能胡乱翻搅，因为这样鱼就容易被翻坏，但同时也要适时地翻动一下，不然鱼会容易煳掉。线上教学对于学校和教师来说是一种新的尝试，在实施的过程中肯定会出现这样或那样的问题，这点其实我早就有预判。因此我在线上教学的实施过程中，不仅自己全程参与，同时根据上级的通知精神和线上教学实施过程

中遇到的具体问题，及时对教师进行指导，提供相应的支持和帮助。具体如下：

（一）平台无法登录问题。在线上教学平台启用初期，出现了因上线学生过多，网站崩溃而无法登录的问题。学校及时提醒教师向学生家长解释，及时转变线上教学的指导思路，告知学生及家长以分时段形式参与上线观看录播等，请教师直接通过家校群进行线上教学指导；同时学校积极与上级部门沟通，了解平台的相关情况，并在后来的线上学习过程中通过教师引导家长和学生以观看录播的形式代替直播。录播的课程由教师主动下载后发送到家校群，方便学生进行学习。

（二）线上学习时间过长问题。线上教学平台初期每天有5节课，每节课近40分钟，对于学生和家长来说需要较多的精力。针对这一问题，学校多次强调教师在线上教学过程中要主动担当，要在有取舍的前提下使用好上级推荐的线上教学资源，并根据本班实际情况进行合理使用，以实用、有效、易操作为原则，做到“三不”——教师自己没看过的网上录课不推荐给学生，网上录课内容不符合本班学生实际水平的不推荐给学生，网上录课内容相关学习任务学生不好操作的不推荐给学生。并在此基础上提倡每个班级的任课老师要有责任意识，不过分依赖平台，主动承担起本班线上教学的职责。

（三）家长参与管理的精力问题。随着疫情期间复工的推进，不少家长陆续回到单位上班。学校一方面继续强调假期线上教学的作息参考时间，另一方面继续号召学生养成自律的好习惯，同时及时提醒教师进一步立足学生和家长的实际情况，注意线上的教学安排，尽可能做到精简；指导学习的形式以学生容易理解且不需要家长配合或是家长容易配合的为主；自录的教学视频以5—10分钟的微课为主，较长时间的录像课的推荐一定要慎重；注意任务布置的频率和量，建议隔天布置，以保证大多数家长下班回家后也有精力安排孩子的学习；注意沟通和引导，积极培养孩子的自学能力和自律的习惯，主动和孩子及家长沟通，打造最适合自己班级的、有效的在线教学模式。

六、如何判断“小鲜”是否真的“鲜美”——线上教学的目标管理与考核

厨师做的菜好不好，顾客的满意度是评价的主要标准。在加强线上教学的管理过程中，我校在形式方面给予教师尽可能大的自由度，但同时也提出了明确的目标管理和考核要求，即复课返校后，通过多种形式，如对各学科进行期初调研。以各年级学科为主，围绕扎实开展的各学科中最基础的内容进行评比。如英语可以是单词竞赛，语文是生词和古诗词的默写比赛，体育是对居家锻炼的体质方面的测试，等等。以评比结果来检查线上教学的实际效果，为下阶段的线下教学提供依据。

七、“烹小鲜”理论的实践与收获——主动作为，谋后而动

“烹小鲜”的做法是提醒我们烹调时不要随意翻动，但也绝不要因为怕出错而不去翻动。有人认为这是无为而治，但我们认为这才是责任和担当。在面对没有可借鉴的经验的情况之下，我们更要主动担当和作为，边学边做，谋后而动。在线上教学期间，我校始终立足于教学实际，在线上教学的管理过程中边实践边调整，先后十多次以文件、音频、录像等方式对全校教师进行有效的指导和管理（见图 1）。

图1

八、后记：如何做好线上教学与返校复课的衔接

2020 年 4 月 13 日本市小学四至六年级学生返校后，如何做好线下教学与线上教学的衔接的问题，又摆在了我们的面前。我校针对这一问题进行了细致的研究并制定了《赵市中心小学 2019—2020 第二学期返校后教学实施指导意见》。办法总比困难多，线上教学与返校复课的衔接工作确实会给我们的教学带来很多困难，但只要我们认真去研究与实践，相信克服这些困难的过程会成为我们将来教学管理和实践的宝贵经验。

教育与移动科技接轨，疫情在家轻松学

□ 周　唯*

【摘　要】 教育部发通知要求2020年春季延期开学，以阻断疫情向幼儿园蔓延。广大师生加强疫情防控、做好自我保护的同时，也应合理安排在家学习生活，确保“离校不离教，放假不停课”，网络“云课程”成为幼儿的上课新方式。从课程活动选题的确定到课程活动剪辑完成、发送入群，幼儿接收视频，并及时反馈，都应用了移动科技的力量。知识点全面覆盖，移动科技让课程活动实现了零距离，幼儿在家也能轻松上网课。

【关键字】 移动科技；教育；网络课程

2019年底，新冠疫情来袭，为有效阻断疫情向幼儿园蔓延，确保幼儿的生命安全和身体健康，开学日期被一再顺延，家长担心疫情的同时也担心幼儿的学习。“网络正在改变人类的生存方式。”比尔·盖茨曾这样预言。现在预言成真，网课，这个人们陌生又熟悉的名词，在疫情期间，普及到了每个幼儿家中。

本园于2020年2月17日开通网络“云课程”，不同于小学、初中，幼儿学习的知识点零碎，课程活动简短又精悍，重复性更高。为方便幼儿随时学，方便家长有时间教，我们将课程活动做成视频、图片、文字的形式，发送至微信群、QQ群等家长群中，让幼儿学习无压力。从确定课程活动到视频入群，移动科技的力量起到了至关重要的作用：

* 作者系张家港市泗港幼儿园教师，二级教师，教坛新秀

一、课程活动选题精准

（一）优先教材选择

疫情期间开展幼儿园网络云课程，是保障“停课不停学”的应急之举，也是教育对移动科技的有益运用和实践探索。幼儿园课程活动多样精彩，包含五大领域课程活动、游戏活动、区角活动，但不是所有活动都适合幼儿网络学习。区角活动包含生活区、科学区、美术区、娃娃家等，是教师与幼儿一起在教室中设立的。可是在家中，分门别类设置区角活动略显困难，实用性和可操作性欠缺，所以区角活动被排除在外。

五大领域的课程活动成为教材设置的优先考量，幼儿园结合幼儿不同年龄段发展情况，制定了具体的网络学习方案，重在趣味性和可操作性。教师分为A组和B组，A组教师负责科学课程，B组教师负责健康课程、社会课程，A、B组教师共同负责语言、音乐、数学、美术课程。此次课程设置，根据《3—6岁儿童学习与发展指南》科学领域目标“在探究中认识周围事物和现象”，在每周的课程中都加入了科学活动，使幼儿不出门也能轻松做实验，如小班科学“海绵宝宝”、中班科学“竹子与竹制品”、大班科学“可乐喷泉”。幼儿晨晨每次进行科学活动都激动地反馈视频，喜欢得不行。幼儿园每周还安排语言课，进行绘本阅读指导，丰富幼儿知识面。

（二）普及防疫知识

幼儿思想单纯，对于新冠病毒的突然来袭和全城严格执行的防控措施还有诸多不解。我们深入幼儿内心，让其做一个小小解密者，以此开展“新型冠状病毒肺炎校园培训”系列课程。幼儿从课程中能了解新型冠状病毒的威力以及如何预防新型冠状病毒的相关知识。我们把幼儿园定时杀菌消毒的过程全部拍摄成照片，让幼儿了解形势的严峻，也让家长放心。幼儿开始很懵懂，后来就安心在家准备开学，普及知识的重要性由此体现。

疫情期间，医护与病人之间的一幕一幕让我们泪眼婆娑，优秀的事迹值得被人知晓。我们插入“最美逆行者”系列课程，将“学习强国”上的权威视频转发给幼儿。幼儿看完感触良多，如幼儿俊俊当晚在群中发出了一番感悟：“谢谢医生叔叔，谢谢护士阿姨，谢谢你们保护我们！”

（三）课程紧随时代

如今，很多有价值的信息都能被拍摄成短视频。抖音上有很多有趣的小实验，场地不限，选材简单，在家就能轻松完成。我们现学现教，将视频中的现象和原理一起传授给幼儿。“可乐喷泉”就是这样一个简单的实验。实验只用可乐和盐两样东西，将可乐倒进杯子，杯中再放入一勺盐，可乐就会喷起来。通过简单方便的实验，幼儿一下子就掌握了二氧化碳喷射的原理。肖肖做完实验，直呼神奇，在反馈视频中，我听见他反复地说："再来一次，再来一次。"有趣的东西总让人留恋。

（四）出门感受风景

春暖花开，这场病毒没有阻断世间万物的勃勃生机。5 月，很多城市实现了病例连续 14 天零增加。我们抓住这春天的尾巴，举办"遇见张家港：野花鉴赏"活动，让幼儿出门，去开阔的公园或是小区楼下，感受美好。

二、课前准备材料充分

（一）结合传统教材，明确目标

做好课前准备，是提高教学活动效率的方法，能让教师对教学活动的目标更为清晰，对流程更加了然于心，对时间的把握更加得当。幼儿的思维方式以具体形象思维为主，图文的结合更有利于幼儿学习。在语言活动中，我们准备了与书本相对应的教具，将辅助书本的图片拍摄下来，方便幼儿学习。晨晨对应着书本的图片，在几次重复的叙述后，就能完整地将诗歌背下来。在音乐活动中，我们将简谱拍摄下来，歌唱视频也发入群中，幼儿看着动画，家长对应简谱，歌曲学习轻松自在。灏灏唱歌容易拖节拍，在园学习中，大家一起学，灏灏学得不够细致，在家进行一对一歌曲教学后，拖节拍的现象好了很多。手机摄影将信息传递，移动科技改变了生活，让远在天边的事物近在咫尺。

（二）充分利用短视频，辅助教学

如今，短视频已经深入人们的日常生活，具有强大的影响力。我们甄别有利于学习的短视频，作为教学的辅助工具。如音乐《买菜》，抖音上就有完整的短视频，动画结合歌曲，方便幼儿学习；古诗《元日》，短视频中不仅有幼儿穿着喜庆的衣服朗读，还有解说，很是生动。

好的短视频可以借鉴，但不是所有短视频都能在抖音上搜索到，有些教育性短视频需要我们自己拍摄。移动科技日新月异，用一台手机便可以完成短视频的录制。如录制语言活动课程"你是最好的"，首先打开相机，找到白色背景墙，录制向幼儿提的问题，笑场、舌头打结等问题一旦出现，需要重新录制，录制完成，保存即可。又如录制数学活动课程"小兔子去超市"，需要将教学材料提前拍摄下来，不需要说话，在剪辑时录音即可。

三、活动实施剪辑到位

（一）剪辑知识点，精准有效

知乎上有人询问：“剪辑短视频用什么好？”最多的回答是：“自然是剪辑 App、移动端了。”此次网课，我作为负责剪辑的老师，有许多的感悟。我们前期搜集好了素材：图片、视频等，需要将它们进行拼接，做成完整的视频。我用的是一款轻便型 App：剪映。我先添加素材——几张图片，一段视频，接着给图片配音。配音时点击素材下方“添加音频”，再点击“录音”，长按录音键，将问题、讲解以及一些提前准备好的话录制进去。如社会活动课程《香香的茶》，我会先问幼儿：“你们知道茶叶的种类有哪些吗？”再稍做停顿，等画面中出现茶叶的图片，我会留几秒空白（通过进行图片复制就能拥有更多的时间），空白时，只要放开录音键就行。然后再长按录音说：“这个是碧螺春。”虽说少了面对面的互动，但留几秒让幼儿思考，一问一答，也增加了趣味性。视频的部分本身就有声音，若速度不快可以进行加速处理，1.5 倍速适宜。

封面不仅是书的灵魂，也是短视频的灵魂。视频制作完成，本节课是什么，目标是什么，要明确。在视频最前端，加入两张白色图片，第一张图片上面写上活动、课程的名称，第二张图片上写好具体活动目标，一般为三点。视频制作完成，点击右上方“导出”，导出过程中确保不黑屏或切换应用，视频就能保存进相册了。

（二）审阅错误点，互相切磋

多人审阅，可以找到错误点，及时修改，这样视频发送入家长群中才可确保万无一失。视频制作完成，要发入备课组的微信群中，请所有教师看一遍视频，提出意见。如语言活动课程“我是最好的”，教师录制视频时没有考虑幼儿的抽象思维。经讨论后修改结果如下：课程中有两段视频，将教师念诗歌那段删除，保留提问那段视频，念诗歌那段视频用“我是最好的”教学图片代替。图片给幼儿更直观的视觉冲击。视频制作完成，再次发入备课组微信群中接受审阅，通过即可。第二天发入家长群中，供幼儿学习参考。

四、家长反馈精彩纷呈

（一）图片反馈

及时的反馈有利于我们了解幼儿的学习情况。在每次活动后，我们会链接一个需要反馈的文字说明，请家长通过视频、图片形式反馈幼儿学习的成果。如美术活动课程“扑蝴蝶”，上午九点我们在群中上传了“扑蝴蝶”的知识点，并说明反馈内容是一张幼儿作品。下午时分，家长就纷纷上传了幼儿的扑蝴蝶绘画作品。我们欣赏作品，并用语音评价幼儿的绘画：“真的不错！蝴蝶更大一点就更好了！”幼儿接收语音，也会表示感谢：“谢谢老师，我知道了。”如此，我们就清楚知道了幼儿的能力，也能让幼儿的绘画水平得到提高。如欣赏活动课程“遇见张家港：野花鉴赏”，幼儿用手机自主拍摄野花，并分享入群中，在群中互相探讨，瞬间，群中就成了“花花世界”。如数学活动课程“看图列算式”中，幼儿看完教学视频，纷纷完成视频中的买东西算式，并拍摄图片，有没有做对一目了然。图片反馈在数学活动、美术活动、欣赏活动中的作用最为明显。

（二）语音反馈

当图片反馈不能表明幼儿学习程度时，就需要语音反馈来协助。语音反馈是在此次网课中最常使用的，不仅老师的使用频率高，幼儿也是通过语音一条接着一条地反馈活动的完成情况。在语言活动课程“赶集”中，教师问：“爷爷应该听谁的？”照片不能反馈这个问题，于是幼儿们纷纷录制起了语音，发表了自己的观点：“谁也不听，要有自己的想法。”“那就不要带着驴去呗，这样大家都不会说了。”……我们收听语音，并用语音回复：“慧慧，你的想法很棒哦！”又如音乐活动课程“柳树姑娘”中，幼儿观看视频，将自己唱的歌曲用语音的方式发入群中，幼儿唱的时候拍子很多都是错误的，于是我们发语音提示，让幼儿稍晚些再发语音反馈，他们第二遍就唱得很准确了。语音反馈在音乐活动、语言活动中的作用尤为显著。

（三）视频反馈

图片、语音反馈都是死板的，而视频是生动的。视频能清楚地听见幼儿讲的话，看见幼儿的动作，是幼儿最真实的反馈。如社会活动课程“香香的茶”中，幼儿能够仿照着教学视频中的倒茶、品茶方式，拍摄一整套倒茶、品茶的过程，并由家长配乐，很有意境。科学活动课程“可乐喷泉”中，幼儿全部都成了小小实验家，成功的经验比比皆是，不成功的还要来第二次，小脸上的笑容是藏不住的。视频反馈在社会活动、科学活动中起到了重要作用。

移动科技的发展让我们的生活便利，疫情阻挡了幼儿上学的步伐，却阻挡不了他们学习的步伐。移动科技悄然改变了人们的生活，改变了人们的生活节奏。教育与移动科技全面接轨，使我们不出门也能分享和感受这世间美好。

"互联网+"环境下幼儿园防疫期课程之建构、审议与实施

□ 张　丹*

【摘　要】当课程观的转变成为一种共识，课程的建构、审议与实施也开始历经转变。本文结合实践，探讨了在"互联网 +"环境下，幼儿园防疫期课程如何构建、审议、实施的完整思路与实践做法，提出了将互联网信息技术与这一过程充分融合，通过线上教研、云中三审、双线联动教学等途径，开启线上线下全方位互动的课程实践新思路。

【关键词】"互联网 +"；防疫期；课程建构；课程审议；课程实施

随着江苏省课程游戏化项目建设的推进，幼儿园的课程意识被逐渐唤醒，课程建设成为其中最核心的关注点。当课程观的转变成为一种共识，课程的建构、审议与实施也开始历经转变。自 2018 年 9 月起，我园即开展了"基于幼儿经验发展"为线索的主题活动课程审议实践研究，形成了一系列具有操作性的审议实施策略与做法。疫情防控期的特殊性，催生形成了多主体、跨时空的"互联网 +"式教研与教学环境，为疫情期的课程的高质量建构、审议与实施提供了新途径。也因此，我们结合已有的经验做法，将互联网信息技术与课程的建构、审议、实施过程充分融合，构建起全新的双线联动互动空间，打开了课程建设的实践新思路。

* 作者系太仓市教师发展中心幼教教研员，幼儿园高级教师，苏州市学科带头人

一、线上教研，把握课程设计准方向

（一）先研讨，识别经验定主题

主题的确定是开展主题活动的起点，因此，我们在2月初即利用腾讯会议、钉钉等线上平台，开展线上教研，通过线上教研活动拟选疫情期课程主题。线上教研打破了空间限制，采用先期业务团队先研、后期年级组再研方式，让教师全员参与教研活动。教师们有备而研，通过线上教研中多位主体间的多向度互动达成理念共识，基于对《3—6岁儿童学习与发展指南》的理解，关注疫情期幼儿真实的生活与兴趣需要，寻求幼儿发展的机会和学习的可能，最终预设了小班“病毒我不怕”、中班“不一样的假期”、大班“新冠病毒来了以后……”等六个针对不同年龄段幼儿开展的拟选活动主题。

（二）借导图，厘清思路织网络

主题活动网络是课程实施的基本框架，是活动执行的支架，也是主题目标与实际教学活动联结的纽带。为更好地架构课程，我们借助XMind可视化思维管理软件（以下简称XMind思维导图）来帮助教师捋清主题背景下的活动线索，搭建主题网络、细化主题活动内容。

XMind思维导图的应用，使疫情期的课程能从整体建构角度出发，做好规划设计，活动主题的核心目标在分线索的推进中得以逐步落实，活动前后呈现出明显的逻辑关系，其背后隐含的是儿童经验的逐步建构，避免了线上教学活动零散化、无目的化的问题。

（三）再研讨，补充构想丰内容

随着课程实施的进程，我们的线上教研也再次开展。课程是不断发展的，因此教研也便随着课程的实施进程而继续开展。这一阶段，我们仍然用了QQ、腾讯会议、钉钉等平台，开展业务团队、年级组内、班级老师间不同团队的分层线上研讨，对前期课程实施情况不断进行回顾与反思，重点关注班级的个性化选择，生成新的活动，补充前期构想，支持幼儿更好地学习。如大班不同班级，在“新冠病毒来了以后……”主题的“幼儿园里的动植物”分线索活动实施中，追随班级幼儿的关注点，生成了“草莓‘云拯救’行动”“鸽子哪里去了”等系列班本化活动内容。通过后续的研讨，在延循课程整体架构的基础上，课程的生成空间被进一步打开，课程的活动内容被不断丰富。

二、“云”中三审，推动课程建构明“路径”

（一）“云”中前审，收集信息有分析

审议活动前，教师综合运用线上调研、视频家访、话题讨论等多种形式与幼儿、家长进行交流，收集了解近阶段幼儿对于疫情的看法、宅家防护措施、情绪状态、存在的困惑、感兴趣的内容等情况，并将采集到的信息反馈到年级组。在前期教研中拟选活动主题，在审议开始前，做到心中有幼儿，审议有准备。

前审议是对主题的理性思考，是对主题内容的预判。在前审议中，我们一是从研究儿童的心理入手，深入交流分析疫情这一公共卫生事件背景下幼儿的关注点、需要、问题等；二是以《指南》为依据，结合幼儿的生活经验，确定主题活动的核心目标，厘清主题实施的脉络走向，形成初步的主题框架；三是深挖疫情期可利用的教育资源，回应幼儿的真实体验和发展需要，预设基于主题脉络线索的基本活动内容。同时在前审议中，我们还借助专家引领，邀请教研员参与审议指导，为课程的建构与实施进一步明确路径。

（二）“云”中中审，审研交织有优化

中审议的主要目的是监控主题实施的过程，重构主题内容，优化课程实施。在这一审议环节中，我们采用了审研交织的方式开展。

一是研究问题，针对主题活动实施过程中产生的问题，进行针对性的教学研讨。相继开展了如：疫情期课程资源的挖掘与利用、疫情背景下生态教育活动的有效开展——以“大班种植活动”为例、疫情期中班幼儿自主用餐卫生习惯的培养、家园合作有效开展线上教学活动——以“小班‘笑起来真好看’律动”为例等等一系列的主题研讨活动。这些研讨围绕课程实施过程中产生的实际问题而开展，为课程的优化调整与实施提供了有效的方法。二是审研教学方式，发现主题实施过程中儿童的兴趣点与发展需要，增减、动态调整主题活动内容，以助推幼儿不断深入学习。同时通过文本留存分享等交流审议前期线上教学的有效组织方式、活动措施等，进行预设教学内容组织方式的优化与动态调整。

（三）“云”中后审，总结提升连线下

后审议是对整个主题实施的总结与提升，也为开启下一阶段的课程实施做好延伸与准备。因此在后审议中，我们仍然以年级组为单位，开展了对前期线上“云教育”活动的整体回顾，分享了主题活动中有价值的活动案例，对应实施的六个疫情期特殊主题进行了整体的总结与反思。同时我们结合季节，对开学后线下活动进行预设，重点审议了

现有教学活动如何与后续主题活动相互渗透，为后续新主题的实施做好充分的预备。而伴随教师的先期复工，我们已经开展了园部学期课程整体审议、年级组新一轮三审三议等活动，并结合审议开展了新一轮的线上教学。

三、双线联动，赢得课程实施显效应

（一）制订计划，确保课程落地

防疫期的课程实施，一方面通过教研与课程审议来支持建构与优化，另一方面我们也通过业务管理的跟进来保障实施。

一是中心层面统筹规划，制定“疫情防控期业务活动一览表”，明确中心、园部、教研组等各个层级各类教研、审议、读书活动（结合课程实践开展）等的开展，具体到时间、主题、参与对象、负责人等相关信息明确，确保各层级云上研讨活动的开展，也使整体研修规划有递进与延伸。二是班级层面结合审议所得，制订每周教学计划，明确一周线上活动的内容，并要求体现“游戏化”这一核心理念，使各类线上教学活动既体现价值与意义，又符合孩子的学习特点。

（二）转变方式，引发课程实施双线联动新样态

防疫期课程实施与日常线下课程的实施相比具有其特殊性。线上教学的方式虽然打破了空间限制，但教学者与学习者之间的互动是依托线上平台完成的，因此在教学的方式与形式上也应更加灵活与多样，以充分调动幼儿的参与积极性，使课程实施有实效。因此我们结合幼儿的年龄特点，主要采用双线联动的方式来开展教学。

双线联动是指线上与线下活动的交互联动。线上活动，主要是教师按周计划组织幼儿开展的各类话题讨论、视频分享、小游戏、亲子活动等形式多样的教学活动；线下活动，是指教师依据线上教学活动所开展的具有相互关联性的线下活动，包括线下信息的收集、线下资源的利用、线下实践活动的指导等。如在大班“草莓‘拯救’行动”微课程中，教师利用值班教师、保安等人员资源，定期线下拍摄班级种植园中草莓的生长情况，再通过线上教学分享给班级幼儿；利用周边草莓园资源，结合孩子的问题，在线下对草莓园种植人员进行采访拍摄，再通过线上教学分享给班级幼儿；如在“自然角的植物枯萎了”的活动线上讨论后，教师组织孩子开展线下种植实践，并用微信推送、班级群中“小达人展示”等方式鼓励幼儿在线下持续观察。线上线下双线联动的教学方式，提高了课程实施的质量。

（三）家园共参，实现课程实施互动评价

评价是对活动过程与效果的价值判断，是对课程实施质量的检验。针对疫情期课程实施的特点，我们通过家园共参的方式开展评价，对课程的实施进行评估监控，并结合评价及时调整活动内容与设计，促使幼儿在活动中的发展得到持续的关注与推动。

一是对活动信息的反馈收集与分析。线上教学活动中的各类信息都可以成为课程实施评价的依据。因此我们在实施的过程中尤其重视各类信息的收集与整理，并结合课程审议活动，展开信息的动态分析，并依据分析调整活动设计。如分析微信群中的作品接龙，进行参与度统计与作品评价，通过对幼儿的观察记录，分析线下观察活动的质量，并及时给予新的指导。

二是家长问卷星调查与分析。疫情期的线上教学和线下的延伸实践，都离不开家长的配合与参与。因此我们在评价中，通过问卷星调查、网上访谈等方式及时连线家长，邀请其参与活动评价，再结合调查结果及时调整活动的组织方式、时间安排等，使家园达成共识，优化课程实施。

“互联网 +”环境下开展的课程实践，从建构到审议到实施，虽立足于防疫期的特殊实际而开展，然而其思路与方法并不限于只在防疫期应用。“互联网 +”所带来的便捷、便利，家园互动、师生互动空间的拓展，以及线上线下联动教学的有效开展，均为后续幼儿园课程的建设与实践提供了新的参考与启发，也将成为我园后续课程实践与研究中继续关注的内容。

参考文献

[1] 谭天没，范蔚．“互联网 + 教研”：校本教研主体互动新契机 [J]．教育科学研究，2017(04:11—14)．

[2] 林约．基于“XMIND”思维导图的幼儿园主题活动课程审议——以大班“我是中国娃”主题活动为例 [J]．幼儿教育研究，2018，(1)．

[3] 吴洁，姚沈琴．双线三议：优化幼儿园课程审议之研究——以《幼儿园完整儿童活动课程》园本化实施为例 [J]．早期教育（教育教学），2020（01）：25—27．

[4] 孙汀兰．幼儿园课程整体优化探析 [J]（教育教学）学前教育研究，1994（02）:22-25.

疫情下小学生在线英语学习情况调查及优化建议

□ 范舒宇*

【摘　要】本文概述我校教师团队的在线教学实施经验，分享包括建立资源库、开发教学路径、个性反馈方式以及开展云端教研等在线教学策略。同时，对我校 1102 名学生进行英语学科线上学习情况进行调查，根据调查情况总结线上学习的优势与不足，并提出在线教学优化建议。

【关键词】在线教学；英语学习情况调查；优化建议

新冠病毒蔓延全球，不仅给人们的生活、生产带来了巨大冲击，还给师生的教育教学带来了前所未有的挑战。线上学习成为学生居家学习的方式，也成为教育教学方式走向全面信息化的契机。

一、线上学习实施策略

为切实保证学生的学习效果，在“停课不停学”的方针指导下，教师们针对课程开发、资源汇总、教学方式、兴趣提高、学习评价等多方面开展教学研讨，在短时内讨论形成有效的教学策略。

（一）研讨课程，建立资源库

教师们利用假期时间，围绕教学目标、教学内容、教学资源、教学方式等进行积极研讨，录制微课，利用省、市、区级共享教育平台上的在线教育课程，以及智慧教育平台，如易加互动、易加口语、易加情境英语等进行资源共享，积极开发适合线上教学的教学

---

* 作者系苏州工业园区翰林小学英语教研组长，中小学一级教师

课程，包括课前导学单、学习视频、配套练习以及线上作业批改、反馈与评价等内容，建立线上教学资源库，让学生在信息容量巨大的网络资源中有的放矢，有据可依。

（二）搭建路径，开发教学渠道

电话、微信、QQ、会议视频等多媒体软件工具的运用成为老师们探究的新课题。从陌生到熟悉再到熟练运用，老师们互帮互助，交流经验，共同创建多样化教学路径，保证线上教学的进度与质量。

（三）创设平台，实施及时反馈

在作业批改及教学反馈方面，教师们各具特色。有的老师认真负责，全面批改，不漏一人，不漏一题；有的老师灵活机动，抽取学号随机检查完成情况，进行重难点答疑；有的老师足智多谋，让同学互评互赞，在分享中学习。每种方式各有千秋，均受学生欢迎。但是线上作业反馈基本以微信为主要平台，电子作业的提交有时会遇到各种各样的问题，如无法提交、提交的作业画面模糊，就无法批改，批改效率低、耗时长等。老师们尽可能克服困难，无论是集中答疑反馈或是点对点反馈，老师们都做到了有问必答、有作业必反馈。

（四）汇集经验，开展云端教研

有教学就有教学研讨，学校定期开展主题式教学研讨活动。教师们每次围绕一个主题，通过网络研讨教学方式，交流经验，分享教学技巧，讨论出现的问题以及解决方案，为学生的学习把关，为教师的自身教学负责。

二、线上学习效果调查

线上学习两个月后，笔者针对学生在线英语学习情况进行了调查研究。此次调查中，笔者面向全校 1200 名同学发放电子问卷，回收有效问卷 1023 份，其中低年级（一、二年级）480 份，中年级（三、四年级）319 份，高年级（五、六年级）224 份。问卷设计分为学习兴趣、学习进度、学习内容、学习方式、学习效果以及学习困惑六个方面。

在学习方式与学习兴趣方面，有 50% 以上的学生（不分年级）喜欢线上学习方式，不足 50% 的学生则表示能接受或不喜欢。学生能够按照老师布置的线上课程进行学习，部分学生还会购买培训机构的网课。部分学生选择看英文动画、绘本，做课外练习等方式进行英语学习（见表 1），其中动态的“看英文动画、电影”成为最受低、中年级学生欢迎的英文学习方式，符合语言学习的情景化、生活化特点。

除了线上课程，你在家还会进行哪些英语学习呢？请列举。			
	低年级	中年级	高年级
做练习	35%	5%	12%
看绘本、课文	6%	32%	36%
背单词，相关英语软件学习	9%	15%	9%
课程学习	2%	7%	13%
看英文动画、电影	48%	40%	30%

表1

（一）学习进度与学习效果

在学习进度方面，低、中、高年级能够完全按照进度学习的比例分别是 62% 、73% 和 81%。年级越高，学生自律性较强，对课业的重视程度越高，因此越能按照进度完成课程的学习。学习效果方面，低、中、高年级认为能够完全掌握的比例分别是 34%，41% 和 52%，一半以上的学生会选择“部分掌握”，一方面体现出线上教学的效果不够理想，一方面可能是因为学生的自我评价存在偏差。据复课后的自主学习情况测评，运用云痕系统分析发现，各班平均分较期末平均分相比波动不大，个别班级稍有退步，后进生成绩退步明显，说明线上学习对善于自主学习的学生影响不大，但不利于学习习惯较差的学生或自律性较差的学生，需要引起老师关注。

（二）学习内容与学习困惑

学生除了在线课程以外，能够进行课外阅读，但读书量不够理想，调查结果发现，中、高年级的课外阅读量与阅读频率均高于低年级。另外，相比于线上学习，各年级均有超出 70% 的学生更喜欢线下教学。学生认为线上学习效率较低，学习方式枯燥，影响视力，个人学习氛围不浓厚（见表 2）。在遇到问题时，大部分学生会选择问家长或查资料（见表 3）。但是在课业辅导方面，不是所有家长都能够胜任，尤其是英语学科。而课堂教学能够及时反馈，及时强化，互动交流，学习氛围浓厚，比起电子设备，课堂更加生动有趣。

对线上学习，你还有哪些想说的话？			
	低年级	中年级	高年级
喜欢线上学习	10%	13%	22%
线上教学效率低	12%	16%	2%
线上教学影响视力	8%	7%	5%
更喜欢线下学习	70%	64%	71%

表2

当你在家自主学习时，遇到不明白的问题你会怎么解决？			
	低年级	中年级	高年级
自己思考	2%	9%	36%
问家人	45%	22%	31%
问老师	6%	2%	7%
查找资料	47%	67%	26%

表3

三、线上学习的优势与不足

通过调查研究以及实践总结，发现线上学习有很多不同于传统学习的优势。

首先，线上学习具有灵活性。为避免疫情的传播与扩散，学生需要居家学习、减少聚集。线上学习不受地点限制，可通过移动、便携设备如手机、电脑等进行学习。同时，课程内容很多是录播课，学习者可根据自身生活安排选择时间点观看学习，因此，在地点与时间上都具有灵活性。其次，线上学习具有可重复性。线上学习多以观看视频、巩固练习等方式进行，学生可根据自身的学习特点重复观看录播课，有利于对重难点的掌握，这对学习能力较弱的学生大有裨益。再次，线上学习具有可选择性特点。据家长反馈，网络学习资源丰富，很多学生在完成老师布置的相关学习任务以后可进行拓展学习，选择广泛，有利于学生开拓视野，补充知识，提升自主学习能力。最后，线上学习可提升教师的教育信息化技术水平。直播、录播等教学方式要求老师们对钉钉、腾讯会议、视频会议等熟练掌握。同时，老师们在摸索过程中，挖掘优质教学资源，包括微课、教学课件、习题库等，积累教学资源，有益于复课后教学的开展，提高教师教学水平。

如同一把双刃剑，线上学习也有自身的局限性。首先，教学质量受网络影响。依赖于网络的线上课堂往往受到网络通畅与否的限制。访问量骤增会导致网络拥堵，甚至平台瘫痪。教师课程设计输出不流畅，学生接收知识也难成体系，同时影响进度，耗费时间，大大影响学生的学习兴趣。其次，线上学习因缺乏实时的监督与反馈，要求学生具有较高的自律性。根据英语学科调查情况来看，学生学习时，仅有 50%—60% 的学生是有家长陪伴的。作为一名小学生，尤其是低年级学生，在本身注意力难集中以及自律性不够的情况下，无家长的监督和陪伴，学习效果会大打折扣。再次，线上学习缺乏有效互动。由于线上课程多为直播或录播形式，多数情况为老师讲学生听，教师角色从课堂引导者变成了网络主播，缺乏师生之间以及生生之间的互动，导致学生的学习热情、听课状态、掌握情况均不能实时反馈，学生易出现走神、小动作多，或学习娱乐同时进行的情况，没有学习氛围和有效的管控，学习效果乏善可陈。然后，学习反馈与评价效果甚微。线上教学限制了作业的提交与反馈，提交不全、反馈不及时、评价滞后等都会影响学生对知识的掌握以及教师对教学的总结反思，出现了教师端努力批改，学生端石沉大海的局面。最后，线上教学对学生的视力有损害。线上教学通过电视、电脑、手机等电子设备实现，长期使用这些电子设备，会对学生的视力造成负面影响，甚至危害身体健康。

四、在线教学优化建议

（一）优化在线教学设计

以学习者为中心，坚持“培养目标、教学过程、学习评价”三位一体的教学理念，精备、精讲、精练。在课前针对学习者的特点认真备课，对教学资源有效筛选，对教学环节精心设计，对课后作业高效点拨。通过设计导学单，呈现课程重难点，给予学生知识框架，培养学生主动思考、自主发现问题的学习品质。授课视频或直播课件要精练，重难点突出，画风简约，声音清晰，并包含提问，增强互动，积极启发学生思考，提升其思维品质，同时应语言精练、不重复，减少学生使用电子设备的时间。

（二）采用驱动式任务教学

线上学习要求学生具有自主性，教师们应该设置驱动式学习任务，激发学生学习兴趣与探索热情。网络是资源的聚集地，应教会学生筛选信息，拓展与寻求相关的学习资源。驱动式任务为学生提供学习的方向和基本抓手，利于提升学生的自主学习能力。例如，在译林版《小学英语》六年级下册第一单元 *The lion and the mouse* 学习中，老师在导学单中提出让学生根据 *Story time* 中的故事情节制作英文绘本，并续写故事的结尾。这一任务要求学生了解故事发展，正确运用过去式，并发挥想象力，锻炼写作能力。学习三下第二单元 *My family* 时，老师要求同学们根据所学知识绘制自己的家庭树。这一任务要求学生掌握家庭成员的英文单词，家庭成员的关系以及知识迁移能力。再如，五年级的英语与德育融合课设计中，要求学生制作一支疫情防控日常的宣传 vlog。这一任务要求学生了解疫情实况、相关英文表达以及视频制作流程等。从课程效果来看，学生兴趣浓厚，积极查阅相关资料，作品完成质量高。由此可见，驱动式任务教学方式是疫情期间有效的教学手段，可达到提升学生自主学习能力、居家学习效果和有效利用网络资源的目的。

（三）高效多元的互动与反馈

为了解决线上学习互动性差的问题，教师们应积极进行多元的互动，即与学生互动、与家长互动、与同事互动。直播或录播课过程中，通过问题设置、有奖问答、互动积分等形式，与家长形成教育联盟，如：学生在课堂上积极互动可增加积分，请家长给予总结和鼓励，激发学生的积极性。在学生作业反馈方面，要有多渠道、多方式、多时间点的反馈，如微信群答疑、直播答疑、语音讲解、微视频录制答疑、文字解析、绘制思维导图等多种方式。可一种方式多次进行，有利于学生养成良好的学习习惯；也可多种方式相互结合，提升学生学习的兴趣，提高教师自身的信息化教学水平。

（四）保证有效支持服务

在线授课，网络平台的稳定性十分重要，要求教育信息化部门提供大力支持。在网络受限的地区，老师们也可尝试分批分层教学，将学生分层，分小组，制定时间安排表，让学生在不同时间段进行不同学科的学习。同时，教学目标分层，教学任务、教学作业分层，使不同能力的学生都得到不同程度的提高。

（五）家校指导与监督并行

学生、家长、学校三方的齐心协力是学生健康成长的重要保证。线上学习，对小学生，尤其是低年段的学生来说，需要家长的辅助，同时更需要家长的监督与反馈。不同于传统课堂教学，在线教学无法实时掌控学生的学习状态与学习效果，而家长的有效监督以及同老师的沟通交流能够为老师提供教学调整的依据，是教师合理设计、适时教学的前提。教师可以适时召开家长视频会议，总结学生学习中存在的问题，提出合理化建议。家校双方沟通，将家庭作为教学的第二阵地，家长为孩子们打造良好的学习环境，教师提供优质教育资源，双方为学生的成长共同助力。

五、结束语

教师们受益于这个时代，肩负着实现教育现代化，培养全方面发展人才的历史使命。疫情带给教学工作巨大挑战，同时也成为教学方式改革创新的动力。众多教育者在推动线上教学的路上不断摸索实践，总结创新，为新时代的教育创造出新的教育模式。线上教学有其优势也有其不足，教师们会不断完善，遵循“育人为本、智能创新”的根本理念，在实践过程中提高教育信息技术运用水平，推进信息技术与各学科的融合创新发展。

参考文献

[1] 郑勤华，徐珺岩．线上学习力：结构特征及影响因素 [J]．开放教育研究．2020(04):77-85.
[2] 朱丹丹．远程教育背景下学生的学习方案分析 [J]．天天爱科学（教学研究）．2020(08):154.

线上学习时代，“互联网+”为德育筑阵护航

□ 钱敏月*

【摘 要】春节前后，新冠肺炎疫情迫使线下传统德育教学活动全面停摆。疫情期间，学校德育教育面临着开展难、受关注少、经验少等诸多困境。学校必须借助互联网，全方面、宽领域利用网络平台与信息技术，筑牢疫情期间学生内心的德育防线。本文立足线上教育大背景，分析德育在疫情期间的必要性，并探索“互联网+”德育教育新模式。

【关键词】线上教学；“互联网+”；德育；信息技术

“互联网+”指以互联网为主，包括各种媒体、应用、技术等信息技术在社会生活、基础建设、经济拉动、文化教育等各板块的运用与整合过程。在线下教育难以开展的困难时期，“互联网+”为“停课不停学”开辟出切实可行的新路径。诸多教学机构在此之前已在“互联网+”方面不断尝试，收获颇丰，在一定程度上缓解了教育活动开展的困难与学生对知识提升和查漏补缺的大量需求之间的矛盾。互联网进入我国至今，全国性的线上学习模式是第一次出现，这对所有教育工作者的教学方式、技巧等带来了巨大的挑战。全面的线上教学，学校与家长关注的是学科知识的课程学习，对于德育则是喊得响，做得轻。然而这一时期，对学生的德育更不能松懈。当前形势下，德育亟须紧密依靠信息技术，寻求独特的教学方式，为线上教学背景下学生的身心健康保驾护航、开渠筑堤。

* 作者系苏州市三元实验小学教导处副主任，苏州市学科带头人

一、特殊时期德育的必要性

（一）身体健康问题

线上学习中，学生主观上对学习的紧迫心态大大降低。被多门网课轮番“轰炸”，学生的学习节奏却比往常更慢了，这间接诱发了部分学生线上学习时的懒散态度，导致其出现无意识沉迷于网络的病态现象。在线上学习的诸多不良影响中，学生在非自愿的情境下用眼时间的无限制延长，这尤令人担忧。针对此状况，倡导学生健康用眼，提高自律意识，从而一定程度上减轻学生长期用眼伤害的德育势在必行。

（二）网络健康问题

线上学习似乎赋予了学生持有电子产品的正当性。小部分学生以学习网课为由，光明正大地捧着手机，对着电脑，连着网络。然而在扑面而来的良莠不齐、虚实难辨的海量网络信息冲击下，学生或失理性思维，或迷失个人方向，甚而逃离现实，出现自闭化、极端化情绪，极端情形下还可能造成人格问题。对尚处于道德意识建构初级阶段的小学生而言，在其人生观、世界观和价值观正逐步形成的当下，快速消除因不良信息产生的负面影响尤为紧迫，于是，当前缺少德育的线上教学已危机四伏。

在家庭教育中，家长监督力度的不够给缺乏自觉的学生带来了不可轻视的挑战。除了学生学习的质量不能保证外，缺乏监管也给学生带来了身心健康伤害。因而，以避免学生精神世界塌方为要义的德育已箭在弦上，不得不发。

二、线上德育的可行性

（一）家庭硬件层面

线上德育有其必要性，更有其可行性。在家庭生活水平大幅提高的当下，家长对信息技术的掌握程度，以及家庭电子产品与网络设备已基本能满足线上德育需要，而学生对网络平台等新鲜事物的认知学习有充分的兴趣。这为线上德育的顺利进行打下了基础。

（二）学校建设层面

当今的学校德育教学随教育现代化已呈现出信息化、多元化、趣味化的趋势。学校建立互联网平台，引入新颖教育方式，创新教学途径，已卓有成效。此次新冠肺炎疫情也是对学校及教师的德育教学能力出的一道思考题。德育作为学校教育的首要内容，更应顺应形势变化，跟上时代步伐，积极开拓思路，深入探寻“互联网 +”德育的新路径、新模式，从而切实提高德育的操作性、针对性和实效性。

（三）社会技术层面

互联网与教育的有机整合近年来已然成为社会广泛讨论的议题，信息技术正逐步改变师生的教育教学方式。丰富的教学资源、快捷的搜索整合方式已使互联网成为社会性的德育大阵地。面向德育的信息技术平台逐渐多样化、全面化，甚至已然打破传统德育的教学壁垒，使其更开放、更具针对性。

三、“互联网 +”德育的实践策略

（一）“互联网 +”家校沟通

春节过后，疫情的严重态势极大程度导致了家长的焦虑。学校开学时间、学生居家学习的方式、孩子的学习效果等都成了一个未知数。怎么学？作业怎么交？无数的问题让家长群里炸开了锅。线上教学启动前，教师们借助各媒体平台的视频通话等功能与每一位学生和家长“面对面”交流沟通，针对性了解各家庭的具体情况，并使其了解线上教学要求与教学平台的操作方式，安抚部分家长情绪，答疑解惑，提出个性化解决方案，共商学习计划内容。视频家访在有效解决问题的同时实现了家校沟通，避免了传统家访时教师进家门的尴尬与不便，且能获得家长认可与欢迎，达到了预期的效果。同时，对教师来讲，互联网家访避免了出行的安全问题，高效便捷。

（二）“互联网 +”德育课程

德育是知识的传递，更是情感的交流，是精神世界的升华。在无法面对面教学的时候，德育则更需要通过有效的课程设计使其形色丰满。

1.“互联网 +”健康教育，让生命亮起来

健康是教育的底线，一切教育都要在此基础上生根发芽，才有价值与意义。健康教育在线上教学开始之前就应先行一步，引导学生做好开启线上学习的准备，包括网课学习时的正确姿势与状态等。其一，通过教育视频宣传科学用眼知识，防止学生用眼时间过长。其二，在作息时间表中安排两次眼保健操时间，在班级群组中提醒。其三，宣传预防新冠病毒的方法，包括洗手、消毒常识等，引导学生更好地保护自己与家人。其四，倡导学生正确接收互联网信息，明辨是非，健康文明上网，拒绝不健康的网站，不信谣不传谣，以一己之力传递社会正能量，树立正确世界观、价值观、人生观。其五，开展心理教育，录制并推送心理微课，调节学生与家长居家时的烦躁或抑郁情绪。

2.“互联网 +”体育，让生命动起来

健康教育之后，体育应该紧跟而上。居家的学生，很多时候是坐着、躺着、卧着，

甚至是趴着。各科线上教学机制在对学生身体素质的关注上显现的短板尤为突出。体育教师应充分利用网络资源的共享性能，有效合理地整合多媒体在线教学平台和体育教育平台上的资源和信息，优势互补，打破传统体育教学的时空局限，让学生在家也可以与老师、同学一起锻炼身体，由此实现教学资源的优化和健康人生观的渗透，努力提高学生锻炼的有效性、交互性；让学生得以在家学习体育精神，改善生理和心理状态，形成健康积极的人生观。在运动中遇见更好的自己，从而筑牢德育教育的基础，让学生的个性在融洽的氛围中获得健康、和谐的发展。

3.“互联网 +”劳育，让生活暖起来

习近平总书记在全国教育大会中提出，要在学生中弘扬劳动精神，教育引导学生崇尚劳动、尊重劳动，懂得劳动最光荣、最崇高、最伟大、最美丽的道理，再一次强调了劳动教育的重要性。然而在繁忙的学习生活中，劳动教育往往会被家长与学生忽略。学校按年段制定不同的劳动项目，例如洗碗、 洗衣服、扫地、做菜、做甜点、切水果等，并通过视频方式上传、分享。劳动，让学生重新审视家庭生活，通过实践体会家长的艰辛，懂得感恩，从而提高家庭的温度。

4.“互联网 +”艺术，让生命美起来

线上教学不应只是学习，更应有创新。学生是学习者，也可以是教育者，是教育的主体，也是创造者。线上教学转变了传统教学模式，对学生主体地位的发挥大有裨益。互联网整合艺术教育，使线上教学有声有色。学校围绕抗疫主题组织学生创作书法、绘画、音乐、戏剧等众多形式的艺术作品参与网上评比活动。通过创作与交流，提高学生艺术水平，丰富学生宅家生活的同时展现他们对抗击疫情的信心与对抗疫英雄的敬意。在抗击病毒的战役中，每一人都责无旁贷。这样的道理使学生更有小主人的意识，尽自己努力参与进来，行动起来。“互联网 +”德育携手艺术，丰富创新，让学生生活美起来。

5.“互联网 +”学科活动，让生命厚起来

学习应与生活紧密相连，学以致用是教育的最终期待。在抗击疫情的线上教学中，各学科紧密围绕该主旨开展教学，设计作业。例如语文学科结合网课教学内容，适时鼓励学生阅读抗疫文学作品，书写阅读感受，创作诗歌，写宣传语，朗诵诗歌等，给学生参与生活、表达情感的机会。英语学科鼓励学生认读抗疫相关名词，丰富词汇量的同时关注世界疫情的发展情况。数学学科则教给学生酒精的配比知识，教会学生家庭消毒的常识，用知识守护家人健康。当知识融入了生活，就有了生命力，就有了亮度。面对蔓

延的疫情，“学习”不可能高高挂起，学生都需要用知识来武装自己，用行动担负责任与使命，提高生命的厚度。

四、“互联网 +”德育的评价机制

（一）评价方式更适切

面对线上教育，教师们寻找各种信息技术的支撑，与家长和学生进行交流，相互学习，不断改良，以“没有最好的，只有更适合的”的原则遴选学习软件，利用网络直播平台的高并发架构设计开展教学活动。为满足即时教学反馈的需要，教师或建立群相册，统一时间对学生当天学习活动进行指导；或建答疑群，实现实时分享；或借助社群媒体家校群“作业”功能实现点对点的文字、音频、图片的多样反馈；或利用 App 实时交流。在线上教学中教师们借助息技术平台各显神通，加强了师生之间、生生之间、教师与家长间的沟通。在疫情期间，家校互动十分频繁。

（二）评价过程更互动

线上教学期间的德育活动、活动过程性资料全都借助互联网布置、提交。学生在平台上提交的活动资料，师生均可欣赏评阅。例如学做家务、学做美食、绘制抗疫宣传小报、朗诵致敬抗疫英雄诗歌等，学生通过录制视频或音频的方式发布于相关平台，其他同学可观看、留言、点评。学生们相互交流学习，随时实践、随时分享、随时反馈、随进改进、随时提升，将无形的德育有形化。在互联网的交流平台上，学生内心的表达更为开放，情感与理性思维的提升更为自然。这样的德育评价过程是伙伴间相互引领的过程，更是学生社会价值观逐步建构的过程。这样的评价方式大大提升了发布者的自豪感与成就感，更促进了伙伴间的交流，有利于学生自我提升。学习的正能量多了，向正的机会多了，不利于学生成长的内容自然减少。如此这般，学生对网络上不良内容的抵抗能力和免疫力就悄然增加。

五、关于“互联网 +”德育的持续思考

（一）完善“互联网 +”家庭教育阵地

家庭教育是学校教育的生发地、外延地，也是德育的阵地之一。线上教学期间共建的家校沟通平台与渠道需要持续维护与完善。同时，教师要创新更优更佳的“互联网 +”家庭教育方式，使线上学习、线下实践、线上评价提升的模式常态化，搭建共建、共享互联空间，形成家庭教育“互联网 +”阵地，使师生之间、生生之间、家长之间自主联动，整体、全面地提高家庭教育的能力与水平。

（二）建设“互联网+”学校德育体系

学校要总结线上教学“互联网+”德育的成功案例与经验，使之成为常态德育模式。同时寻找教育部门支持、社会技术支撑，多方共建“互联网+”德育新平台、新体系，使德育内容、活动开展的反馈评价便捷化、互动化、开放化，从而提高德育的实效性。

（三）加强“互联网+”教师培训

线上教学期间，教师们已深刻认识到信息技术教育在教学中的重要性。年轻教师寻找并尝试更好的信息技术支撑，老教师则不断跟进学习。在今后的教师培训中，要加强对教师信息技术应用能力的指导与培训，全面提高教师对教学互联网平台的运用能力，发挥互联网对教育的辅助作用，从而提高德育效能。疫情是一个契机，在此之下，学校与教师更为深刻地认识到“互联网+”德育的神奇实效。多种新媒体技术的全面应用丰富了德育路径，促使学校与教师全面思考“互联网+”德育的新模式，进一步扩大德育范围，拓展德育视野，延伸德育场所，增加德育时机，推进学校德育多元化发展。

参考文献

[1] 刘芳菲.“互联网+”背景下“中小学道德教育影响与实践研究 [J]. 中国信息技术教育，2018(06):81—83.

[2] 曹力献.中小学德育实效性研究 [J]. 教育现代化 2017,4(27):270—271.

[3] 陈荣，王坤庆.教育的使命引领学生的健康人生 [J]. 教育理论与实践，2011,31(07):11-13.

[4] 袁礼辉，戴如莲.儒家“学以致用”教育观的当代解读 [J]. 遵义师范学院学报，2016,18(06):106-110.

教师实践

信息技术助力居家学习的思考与实践

□ 吴敏娜*

【摘　要】2020年，突如其来的新冠肺炎疫情改变了人们的学习方式。线上学习的人数之多、规模之大、形态之复杂多样，可谓是前所未有，信息化和教学的融合也达到了前所未有的程度。面对学习方式的转变，教师应充分把握学科特点与规律，以立德树人为总目标，发挥网络教育和人工智能优势，结合小学生的认知发展水平，通过跨界整合、结伴促学、以展促评的方式，提高学生居家学习的效率，创新教育和学习方式，加快推进教育现代化。

【关键词】新冠肺炎疫情；信息技术；在线教学；居家学习

2020年春季，受新冠肺炎疫情的影响，全国大、中、小学延期开学。为了响应国家“停课不停学”的号召，各校纷纷开展在线教学，为学生们搭建起“空中课堂”，以保障教学工作的正常进行。居家线上学习成为学生们的不二之选。线上教学作为一种新的教学模式，打破了固有的传统教学方式，教学课堂突然从“教师课堂”变成了“空中课堂”，对于教师和学生而言，这是一种新的挑战。如何提高学生居家线上学习的效率？如何用信息技术助力居家学习？我们在探索、实践、反思。

一、跨界整合，发布创客任务

居家学习伴随着信息技术的加入，不但能够提高教学质量，也有利于教学的改革和创新，为学生提供更加高质量的教学。在信息技术的推动下，空中课堂的表现形式显得

---

* 作者系苏州市吴江区程开甲小学信息技术教师，二级教师

多样化，能够在更大程度上激发起学生的学习兴趣。

（一）跨学科的“浸润式学习”

教育部印发的《关于加强“三个课堂”应用的指导意见》指出，要促进信息技术与教育教学实践深度融合，推动课堂革命，创新教育教学模式，促进育人方式转变，支撑构建“互联网+教育”新生态，发展更加公平、更有质量的教育，加快推进教育现代化。

为此，我校举办了以“居家防疫有妙招”为主题的活动（见图1）。该活动主要是以“防疫”为主题，采用实践与理论相结合的方式，实现课程与课程之间的有机整合，让学生在实践中感受到动手体验的乐趣，培养学生的创新意识、动手能力。通过课程之间的整合，让学生灵活运用各科所学到的知识，解决实际操作中遇到的问题，达到“润物细无声”的效果。

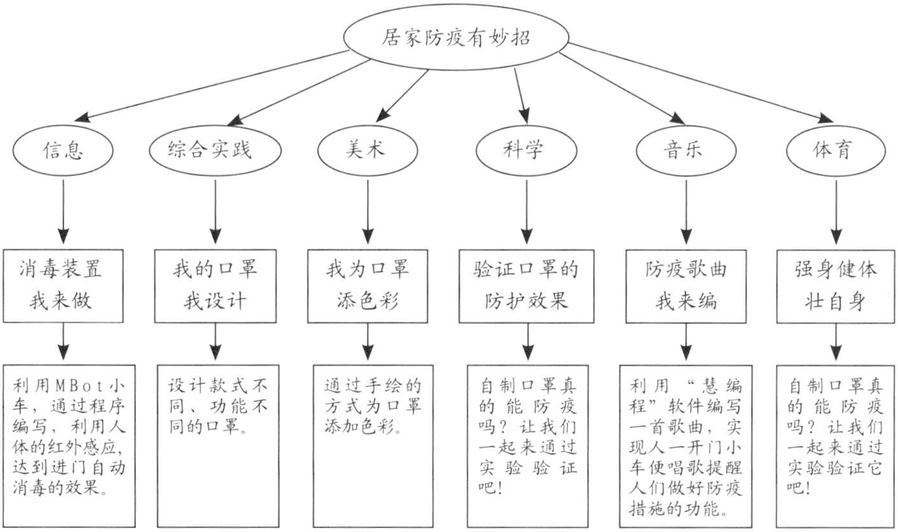

图1　“居家防疫有妙招”主题活动设计

（二）跨年级的“递进式学习”

《中小学信息技术课程指导纲要（试行）》中指出：信息技术课程的设置要考虑学生心智发展水平和不同年龄阶段的知识经验和情感需求。比如“致敬志愿者”活动（见图2），让三年级学生利用绘图软件，进行简单的图画绘制，主要培养学生发现美、感受美的意识，提高学生对美的鉴赏能力，并让学生感受运用计算机解决问题的乐趣；让四年级学生利用 WPS 文字软件，进行电子小报制作，让学生了解并掌握 WPS 文字的操作方法和技能，进而能够应用到生活和学习中去，解决实际问题，在实践中感受成功的喜悦；让五年级学生利用Scratch软件制作致敬志愿者的动画，使其感受到Scratch编程的乐趣，激发学生对编程的学习兴趣，掌握Scratch数字化作品创作的基本制作流程和设计方法；让六年级学生在五年级要求的基础上，结合硬件的使用，为mBot小车设计一套完整的动作，让小车既能播放歌曲《听我说谢谢你》，又能通过巡线模式，在地上走出爱心的形状。不同年级的学生接受不同难度的任务，以“致敬志愿者”为主线，进行系列化、递进式的课程内容开发，提升认知水平和操作能力。通过阶梯上升式的课程设计，促进学生综合素质的持续发展。

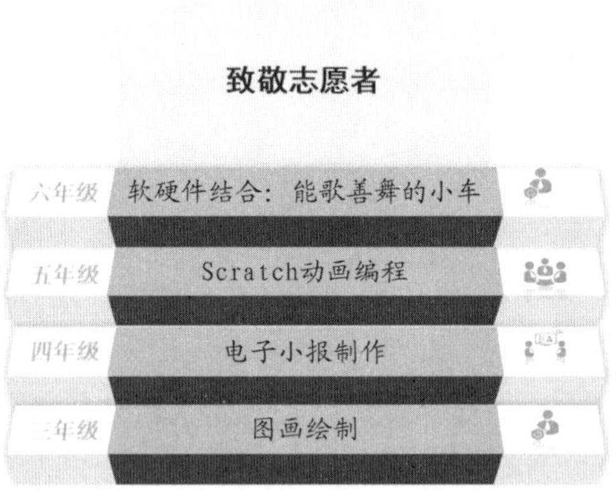

图2　“致敬志愿者”主题活动设计

（三）跨学科的“支持性学习”

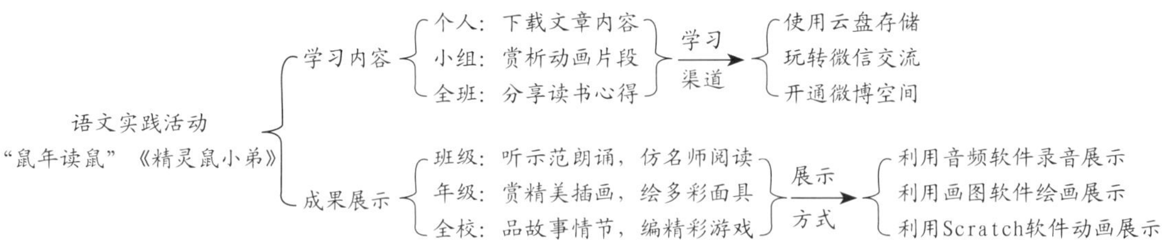

图3　语文实践活动“鼠年读鼠”《精灵鼠小弟》活动设计

二、结伴促学，丰富学习方式

疫情的突然出现，使得年复一年、日复一日的教学工作仿佛被按下了暂停键。世界是相连的，正如一首诗里所说，“没有人是一座孤岛 / 可以自全 / 每个人都是大陆的一片 / 整体的一部分”。在这“史上最长寒假”里，师生们不禁放慢脚步，静下心来思考教育的本质和价值。平时期待放假的教师们，突然发现工作是一件多么美好的事情。成人尚且如此，对于那些富有朝气、充满活力的孩子们而言，他们定是更加思念同学与老师。在往日的学习生活中，孩子们有同学朋友为伴，但是疫情期间，只能与冷冰冰的手机、电脑为伴。因此，寻找更多的“新伙伴”互相交流，共同学习，便显得尤为重要。

（一）亲子学习：从“个人独白”向“亲子对话”的转变

孩子们多数时间都是在学校教室里进行学习的，回到家，家长只能见到孩子做作业的场景。那么，孩子平时在课堂上的具体表现是如何的呢？这次放假给大家提供了一个很好的机会——父母可以陪同孩子一起，加入孩子的学习过程中来，共同体会学习的乐趣。

因此，在执教四年级主题课程“创作演示文稿”时，我将学习方式由“个人独白”改变为“亲子对话”。两种教学方式对比如下：

学习方式	个人独白	亲子对话
主题名称	“爸爸/妈妈，女儿/儿子有话对你说”	“爸爸/妈妈，女儿/儿子有话对你说” “宝贝，爸爸妈妈有话对你说”
学习对象	学生	学生及其父母
学习特点	个人独学：单纯完成一项任务	陪伴式学习：促进亲子感情

通过“亲子对话”的方式，营造出良好的学习环境和家庭氛围，令家长们试着放下手机，参与到孩子的学习过程中，一起体会学习的乐趣。在这段家长居家陪读的时光里，两代人在彼此的心灵之间搭建起桥梁。更重要的是，家长体会到真正的陪伴不仅仅是“在一起”那么简单。

（二）伙伴学习：从“个人独学”向“伙伴共学”的转变

《礼记·学记》中提道“独学而无友，则孤陋而寡闻”，这句话的意思是说，如果在学习的过程中，缺乏与伙伴、朋友之间的互相交流、切磋，自己一个人苦思冥想的话，就会学识浅薄，见闻不广。“众人拾柴火焰高”“三个臭皮匠顶个诸葛亮”“莫学蜘蛛各结网，要学蜜蜂共酿蜜”等谚语，都在告诉大家：孩子的学习仅靠一个人的智慧是远远不够的，孤独的个体是永远无法得到完满的发展的。

因此，在教授五年级Scratch课程时，我将学习方式由“个人独学”改变为“伙伴共学”。两种教学方式对比如下：

学习方式	个人独学	伙伴共学
主题名称	“单人游戏：打倒病毒小怪兽”	“双人游戏：打倒病毒小怪兽”
学习对象	学生	学生及其伙伴
学习特点	为了学而学：学习氛围较为单调	在玩中学：学习氛围较为浓厚

通过“伙伴共学”的方式，不仅能够充分调动学生的学习兴趣，提高线上教育的学习效率，而且能够培养学生的动手能力、合作能力以及创新能力，让学生在一种轻松、愉悦的学习氛围中完成课堂任务，从而达到预期的教学效果。

（三）师生学习：从“师问生答”向“师生互答”的转变

传统的课堂教学中，多是师问生答的教学形式，教师鲜有机会真正走进孩子的内心，倾听他们的心声。儿童是幻想家，他们的小脑袋里蕴藏着我们成人无法理解甚至可以说是不可企及的宝贵财富。所以，很多时候与其说是老师教授给学生什么，不如说正是因为有了学生的存在，才让老师不断地学习着、进步着、改变着。

因此，在教授四年级表格制作课程时，我将学习方式由“师问生答”改变为“师生互答”。两种教学方式对比如下：

学习方式	师生问答	师生互答
主题名称	“防疫知识知多少”	“防疫知识知多少”
学习对象	学生	学生及其老师
学习特点	教师占主导地位，忽略学生的主体性	师生互动性更强，学生学习热情高涨

通过“师生互答”的方式，不仅能够更加有效地提高学生上课的专注度，还能进行更加有趣的师生互动，共同交流，拉近老师与学生之间的距离，促进心与心的交流。

三、以展助评，分享学习成果

在学校传统的课堂教学中，由于受时间、空间等多方面因素的影响，学生大多采用口述的方式进行评价。在疫情期间，如果线上教学仍照搬课堂评价的模式，定会无法满足线上教育教学的目标要求。信息技术课恰恰更能有效地利用先进的信息技术手段组建多维立体平台，通过多样化的评价方式，帮助学生及时认识到自身的优势与不足。

（一）抖一抖，在自评中得成长

受疫情影响，一大波新模式、新业态不断涌现，最热门的非直播莫属。学生们每天观看的直播教学也是直播大军之一。如果学生摇身一变，成为一名“小主播”，那将会是一种怎样的体验呢？

抖音作为一款热门的视频软件，无疑是实现学生主播梦的首选。学生可以利用软件中的直播功能，展示自己的学习成果。在学生进行自评的过程中，不仅能让同学们更清晰地认识自己，而且又锻炼了自己的口头表达能力以及逻辑思维能力。通过直播自评的方式，促进了自身的成长。

（二）微一微，在他评中共成长

微信群更是为大家所熟悉的一个供多人聊天交流的平台。通过微信群交流，我们将讨论交流区从真实的课堂转变为虚拟的平台。在这里，每一位同学都可以是老师，对同学们的作品进行客观的评价。在这样一种“公开、公平、公正”的状态下，同学们实现了互相学习、共同进步。

（三）论一论，在互评中持续成长

论坛是一个开放的网上交流的互动平台，每个用户都可以在上面发布信息或提出看法。小学信息技术课本中，四年级第 13 课便是《走进网络论坛》。通过这一课的学习，学生掌握了在“江苏省中小学信息技术学习网”网站注册账号、发帖、回帖及下载附件的能力。通过论坛互评的方式，学生们对学习内容有了更进一步的认识，取长补短，提升了自己的信息素养。

21 世纪，是信息技术飞速发展的时代，信息技术与人们的生活息息相关。疫情的到来，使得全国 2.65 多亿中小学生和近 1600 万老师共同参与居家在线教学，各学科与信息技术的融合度达到了一个新的高度。重大的社会变化往往是科技创新的契机。我们要认识到，互联网教育的价值已充分体现，但和真正意义上的未来教育还有差距。当前互联网软硬件、线上课程体系、师生个人的信息素养等方面还有进一步提升的空间。未来我们需要通过大数据、人工智能、互联网来推进教育变革，让人人可学、时时能学、处处可学的学习型社会早日来到我们的身边。

参考文献

[1] 周娟．停课不停学成长不延期——论如何提高学生居家线上学习的效率 [J]．中小学信息技术教育，2020(04)：18-19.

[2] 朱爱华．教师线上教学素养的现状与反思——以疫期小学居家线上教学为例 [J]．江苏教育，2020(30)：11-15.

[3] 秦红斌．停课不停教，教师应该怎样做 [J]．中小学信息技术教育，2020(21)：28-30.

[4] 周菊芳．走向“大综合”的综合实践活动课程探索 [J]．江苏教育研究，2018(17)：4-9+2.

防疫期间规模化线上学习情况调查研究

——以苏州市某初中学校为例

□ 孙利平*

【摘　要】在疫情背景下，文章对“停课不停教，停课不停学”政策下的江苏省某初中教育集团规模化线上学习情况进行了调查研究，对学生线上学习的态度及效果、教师线上教学情况、后疫情时期学习方式转变情况等方面的现状及产生的问题进行描述与分析，为后疫情时期规模化线上学习提出相应的建议：搭建适切支架，提高预习效率；融合信息技术，设计有效互动；关注情绪变化，开展道德教育；发挥家校力量，提升信息素养。

【关键词】疫情；初中；规模化线上学习

一、引言

2020年，新冠疫情出现，为了有效防控疫情，教育部发布了“停课不停教，停课不停学”的要求，掀起了全民线上学习的浪潮，规模化线上学习成为线上学习的2.0版本。规模化线上学习使学生的学习场所、学习任务、思维方式及评价方式等多个方面发生了转变。然而随着线上学习的规模化开展，各种问题也接踵而来。例如：很多人认为线上学习就是将上课的环境由线下搬到线上，还有人认为只要观看教育视频或通过互联网自学就是线上学习。事实证明，线上教育教学≠直播或录播课程≠线下教育线上化≠纯粹

* 作者系苏州高新区实验初级中学教师，二级教师

学生自学，而是一种教师在线指导下的学生自主学习活动。为了在后疫情时期取得规模化线上学习的最优效果，文章以江苏省某初中教育集团化规模化线上学习为例，研究了学生在学习过程中遇到的问题以及影响其学习效果的因素，从而设计出相应的解决策略，以期为后疫情时期规模化线上学习的实施提供一定的借鉴。

二、实证分析

（一）研究对象

本次调查的对象为江苏省苏州市初中学校的学生，由于初三年级学生面临中考，时间紧、压力大，因此调查的对象选取了该校初一与初二年级的学生。笔者联系各班的信息老师，在学生进机房学习信息课之余利用问卷星平台随机给学生发放问卷，采用无记名方式在网上填写问卷，真实地反映该校学生在防疫期间线上学习的整体状况。本次调查最终回收问卷294份，剔除如全部选择同一个选项以及极短时间完成的无效问卷20份，有效问卷回收率为93%。调查对象中，初一年级学生占60%，初二年级学生占40%，男生占总人数的47%，女生占53%。

（二）调查内容

调查问卷的内容围绕防疫期间学生线上学习的情况进行设计，包括三大部分：学生基本信息、防疫期间线上学习情况、后疫情期间线上学习的态度。其中防疫期间线上学习情况为调查重点，又进一步细分成4个角度——学生线上学习的态度、线上学习的效果、线上学习的优缺点及改进方向、对授课教师的评价，共38个问题。

（三）信效度分析

研究采用SPSS19.0软件检验问卷的信度，结果表明，问卷量表的Cronbach's Alpha值为0.968，基于标准化的Cronbach's Alpha值为0.969，说明问卷的信度良好。同时，问卷在设计过程中结合一线教师、教研员以及大学教授的意见不断修改，充分保证了问卷的信效度。

（四）调查结果分析

1. 学生线上学习的态度

通过问卷分析可知，学生选择线上学习的主要原因是为了学习更多的知识，提高自身文化素养，当然也有39.78%的学生表示是由于学校的要求才选择线上学习的，从而验证了73.36%的学生表示疫情使其学习方式发生改变这一调查结果。对于线上学习，该校81.02%的学生持主动学习的态度，只有6.93%的学生表示是被迫学习，由此可以说明该校学生学习比较主动，65.33% 的学生表示在线上学习的过程中较愉快，兴趣浓厚。线上学习的优点有很多，最主要的是可以实现时空分离，培养学生的自主学习能力。但是相比上网课，55.11% 的学生更喜欢在学校上课，51.46% 的学生表示线下学习更有效。

2. 学生线上学习的效果

疫情放假期间，62.41% 的学生每天线上学习 4 小时以上，27.74% 的学生每天线上学习 3—4 小时；64.96% 的学生在上网课前都会提前预习，但是也有 25.18% 的学生表示找不到预习的方向，不知该如何下手，甚至有 9.85% 的学生觉得预习没有用，上网课还是跟不上。考虑到线上学习需要连接网络，而初中学生活泼好动，笔者对其线上学习注意力维持情况进行了调查。果不其然，调查结果显示 51.82% 的学生存在线上学习时注意力不集中的情况。对于线上学习中教师布置的作业，70.07% 的学生都能够自己独立完成，但也有个别学生表示会直接在网上查找答案。对于线上教学考试，97.08% 的学生都能够认真自主答题。67.52% 的学生表示在线上学习中能听懂且掌握内容的 80%—100%，仅有 2.55% 的学生表示听不懂教学内容。虽然学生线上学习的态度相对认真，但是当笔者提问学生线上学习对其的帮助程度时，60.95% 的学生表示一般，22.26% 的学生表示不大，仅有 16.79% 的学生表示很有帮助。

3. 针对学生线上学习，发现的问题与解决策略

针对疫情期间进行线上学习学生最担忧的问题进行调查，44.53% 的学生表示缺少针对性练习或考试，无法及时查漏补缺；28.47% 的学生担心复习不到位，影响升学考试；同时也有 15.33% 的学生担心不能适应线上教学模式。对于不能适应线上教学模式的担忧，65.7% 的学生希望老师整理并发放高效率复习资料，创建疑难点或者重点分享讨论专区，以便于与同学积极互动。对于此次突发疫情，学生居家学习的情绪也是本次研究的重点。调查显示，37.23% 的学生在线上学习的过程中情绪有点不稳定，但是可以很好地调节，8.39% 的学生情绪波动较大。55.84% 的同学希望和同学进行线上交流来缓解自己的情绪，21.9% 的学生希望学校开展线上讲座，极少数学生想要与父母或教师沟通来缓解情绪。对于线上学习效率的影响因素，63.87% 的学生表示遗留问题较多，且无法及时得到解决，也有学习资源、自律性以及学习设备等方面的因素问题存在。74.45% 的学生认为可以通过创建学习讨论专区，及时解决遗留问题，71.17% 的学生认为有必要增加反馈机制，老师和同学可以同时意识到不适当的方面并加以改进。67.88% 的学生希望老师录制专题学习模块，以便于针对性学习。45.26% 的学生在线上学习的过程

中遇到了不能熟练操作上网设备或者线上教学软件的问题，并且 84.67% 的学生表示有必要加强中学信息技能的学习。

4. 教师线上教学情况

通过此次调查可知，65.33% 的学生表示线上教学教师的工作热情高，90.51% 的学生觉得线上教学的教师课程准备充分，条理清晰。70.07% 的学生认为教师在线上教学中十分有激情，同时也非常积极地引导学生进行互动，但是 55.84% 的学生感觉上课比较死板，没什么氛围，80.29% 的学生表示教师在线上教学中设置一些游戏或者视频链接等能激发其学习兴趣。由此可见，时空分离的线上学习出现了一种教师激情澎湃但是学生却无法全情投入的怪圈。但是值得庆幸的是，60.58% 的学生表示教学效果好。

5. 后疫情时期学习方式转变情况

由于我国迅速采取了有效的防疫措施，因此率先进入了后疫情时期。全国各中小学陆续采取错峰开学措施，为了对学生的学习方式转变情况有所了解，笔者设计了相应的题目进行调查。针对学生是否能够完全适应线上学习模式，64.96% 的学生表示完全适应，5.47% 的学生表示仍旧适应不了。针对从居家线上学习到在校面授学习的过渡，87.96% 的学生表示开学后能够快速适应线上到线下学习的衔接。当问及开学后是否仍旧愿意使用线上学习模式，66.06% 的学生表示疫情结束后还愿意继续使用线上学习模式。由此可见，此次疫情使学生能够亲身体会线上学习与线下学习的区别，从而在混合学习的方式中自由切换，游刃有余。

三、后疫情时期线上教学的思考

（一）搭建适切支架，提高预习效率

线上学习的过程实质上是学生自主学习能力的养成过程，由于初中生的自控能力仍旧薄弱，因此需要教师积极引导。万事开头难，预习作为线上学习的关键，却是最易被忽视的环节，需要引起重视。大部分线上教学的教师将备课的关注点放在了授课环节，这一出发点毋庸置疑，但是课后却出现了学生跟不上、学不会的尴尬处境。究其原因是忽视了学生的预习环节。笔者认为有必要搭建适切的支架，提高学生预习的效率。首先，授课教师必须要在授课之前布置适度的预习作业，例如对于语文和英语这类文科性质的学科，可以让学生尝试自读，标记不会读的词；尝试自己查阅；鼓励背诵，分层次布置任务。同时也可以充分利用线上教学的优势，提供电子版的导学案，写明预习要求。对于数学和物理这类理科性质的学科，可以让学生自学课本上的例题，尝试分析例题与答

案；同时教师可以录制简短的微视频，重点讲解例题，并且可以在课前布置一两道简单的预习题目供学生思考，在课上再详细讲解，实现翻转课堂。当然教师还可以利用思维导图呈现学生将要学习的知识的逻辑结构、重难点，使学生在课前做到心中有数、有的放矢，从而提高预习效率。

（二）融合信息技术，设计有效互动

疫情阻断了师生之间的面对面互动，对学生的自主学习能力提出了很高的要求。而学习的本质是社会性的交互，缺失了这一媒介，学习将很难发生，更难言自主学习。开放意见的调查中，80% 的学生希望能够增强互动，由此可见，此次线上教学过程中的互动环节十分匮乏。因此教师在后疫情时期的线上教学中理应加强互动环节的设计。线上学习区别于面授教学之处在于要充分利用现代教育技术手段，但是大部分教师由于缺乏经验，只是在完成线下教学的搬家，互动也主要采取一些即问即答的方式，甚至极有可能产生无效互动。因此授课教师理应不断学习，提升自己的信息化水平，在线上授课环节中可以充分利用信息化工具提升学生学习的乐趣。例如：教师可以利用问卷星在线平台实现学生的随堂测验，平台可以迅速统计出学生答题的正确率，从而重点讲解错误率较高的知识点。其次，对于课堂提问，可以利用随机数生成小程序，增加点名的随机性与趣味性。同时，课堂中最重要的除了师生互动还有生生互动，小组互动必不可少。教师可以利用简单实用的 Excel 工具实现随机分组，同时可以利用钉钉平台的协同创作功能实现小组的头脑风暴与思维可视化，增加课堂互动的乐趣。

（三）关注情绪变化，开展道德教育

居家线上学习限制了学生与教师面对面的交流沟通，家长扮演了家庭教师的角色。由于大多数家长对孩子都怀有殷切的期望，因此往往出现“恨铁不成钢”的现象。再加上学生可能不适应线上学习，且初中生有情绪波动较大的特点，极易做出一些极端的行为。面对凶险的疫情，教育工作者要关心学习者在此特殊时期情感的细微变化，要将学生的身心健康置于首位。首先，教师自身要加强对心理学知识的学习，能够在线上授课的过程中及时关注到学生情绪的变化，从而采取适当科学的措施缓解学生的压力与紧张情绪；学校也可以多多开展关于情绪管理的线上爱心讲座，使学生可以关注到自己的情绪变化并能够坦然面对。其次，调查显示学生在发生情绪波动时更希望通过与同伴沟通来舒缓情绪，在非必要情况下家长与学校方面尽量少干预，因此教师应积极组织小组活动，让学生能够通过互帮互助缓解线上学习的压力。学校应该充分利用此次疫情加强学生的思想道德教育，借助学生的情感体验开展爱国主义教育，培养其爱国之心和社会主义核心价值观，帮助学生“扣好人生第一粒扣子”。

（四）发挥家校力量，提升信息素养

21世纪的互联网发展，使学习者可以很便捷地获取海量的学习资源，实现移动学习与碎片化学习。而由此出现的问题却层出不穷，如由于学习者操作不熟练导致检索信息失败；由于内容的泛滥，导致学习者信息过载和知识迷航，消耗学习者有限的注意力和大量的时间。此次网络线上学习情况的调查显示，45.26%的学生在线上学习的过程中遇到了不能熟练操作上网设备或者线上教学软件的问题，并且84.67%的学生表示有必要加强信息技能的学习。由此可见，21世纪的学生作为“数字土著”，更应该认真学习信息技术，不断提升自己的信息素养。智能化社会要求学生的信息素养内涵发生转变，应包括计算思维、编程能力、人机协作能力。因此，首先，学校应该关注学生信息技术课程的学习情况，保证正常的课时量与教师的教学水平。其次，各学科教师在平时的授课过程中应该实现信息技术与课程的适切整合，适度地布置一些需要学生自己上网搜集与整理资料的作业，培养学生的实践动手能力与信息甄别能力。最后，家长也不必“谈网色变”，应该适度让孩子接触网络，并协助孩子完成一些基本操作，让孩子不再因为不会操作而害怕上网。

参考文献

[1] 万昆，郑旭东，任友群．规模化线上学习准备好了吗？——后疫情时期的线上学习与智能技术应用思考[J]．远程教育杂志，2020，38(03)：105-112.

[2] 王小平．线上教育教学的定位重构与组织实施——浙江省疫情期间线上教学的行与思[J]．中小学数字化教学，2020(05)：64-68.

[3] 余胜泉，王慧敏．如何在疫情等极端环境下更好地组织线上学习[J]．中国电化教育，2020(05)：6-14+33.

[4] 李文昊，祝智庭．改善情感体验．缓解大规模疫情时期线上学习情绪问题的良方[J]．中国电化教育，2020(05)：22-26+79.

[5] 陈凯泉，何瑶，仲国强．人工智能视域下的信息素养内涵转型及AI教育目标定位——兼论基础教育阶段AI课程与教学实施路径[J]．远程教育杂志，2018，36(01)：61-71.

疫情之下，数学线上教学要找准立足点

□ 洪诚杰*

【摘　要】本文从疫情之下小学数学线上教学的现状谈起，结合自身的教学实践经验，围绕预学指导、实施分层教学、掌握学习方法、微课运用及学习动力激发等方面的内容，探究疫情背景下小学数学教师线上教学的立足点，以期在反思与总结过程中，提升自身解决线上教学问题的能力，解决数学线上教学中存在的问题，提高数学线上教学实效性，构建起高效的线上教学课堂。

【关键词】疫情背景；小学数学；线上教学；立足点

2020年初，新冠肺炎疫情导致学校延迟开学，各地学校开启了空中课堂，以达到“停课不停教，停课不停学”的目标。学生居家学习，线上教学成为疫情期间教师教学的主要形式。这种新的教学方式既带给学生一定的新鲜感，又带给学生诸多的不适应。随着线上教学的深入推进，学生居家学习过程中往往会出现很多不可控因素。针对线上教学过程中遇到的问题，如何找准线上教学的立足点成为教师研究的焦点。对此，本文结合小学数学线上教学实践经验，从疫情期间小学数学线上教学的问题出发，分析小学数学线上教学找准立足点的重要性，探究小学数学线上教学如何找准立足点。

一、疫情之下数学线上教学出现的问题

在数学线上教学的开展过程中，逐渐出现了以下问题：

（一）学生线上学习普遍效果不佳

* 作者系苏州市吴江区盛泽镇吴绫实验小学数学教研组组长，中小学二级教师

在疫情的影响下，教师的教学方式和学生的学习方式都发生了巨大的变化。数学线上教学内容从根据学生情况灵活处理转变成根据教材统一处理。教学设计也从预设与生成共存转变为重预设欠生成，加之大部分小学生的注意力容易分散，在居家学习过程中，受到学习环境的影响，学生线上学习的效率不高，教师线上教学的实效性不高。

（二）线上教学中师生互动性不强

线上教学内容大多是提前录制好的视频或者线上直播，属于单向性的知识传播。学生的提问意识不强，无法及时提出线上学习过程中产生的疑惑。师生无法面对面交流，课堂互动性不强，教师无法根据学生的学习情况灵活把握和调整教学内容，对学生学习状态的管控和对教学进度的调度能力被大大削弱，因此教师对学生的管教就不能像平时上课一样宽严相济、直观灵活。

（三）线上作业效率不高

教师布置的作业从丰富分层走向单一枯燥，线上作业的针对性不强，影响了学生的积极性。加之学生在家学习，特别容易受到手机、电视等电子产品的影响，学生自我约束能力不强，不能按时完成和提交线上作业，不能积极主动地及时改正错题。部分家长对孩子的督促力度不够，学生的数学作业完成情况不理想。

由此可见，线上教学虽然能够实现隔空教学，帮助学生居家学到数学知识，但是和常规的教学相比，依然存在着诸多不足，如教学内容缺乏系统性、针对性，教学过程缺乏调控性，教学管理缺乏动态性，教学效果不理想，学生作业完成效率低下等。因此，积极寻找解决措施，探索数学学科线上教学的立足点是必要的。疫情之下，数学教师线上教学找准立足点，首先，对于提升数学线上教学课堂实效性具有积极的促进作用；其次，对于提高小学生居家数学学习实效性具有积极的促进作用；最后，对于数学教师建构起高效的数学线上教学课堂具有重要的现实意义。

二、疫情之下数学线上教学的立足点

（一）预学指导，帮助学生做到心中有数

一开始的线上教学缺乏组织性和规划性，多是由教师自主录课，自主决定教学内容，或帮助学生复习旧知识，或给学生解答疑惑。这导致多数学生一开始对线上学习的态度就不够认真端正，加之多方面因素的影响，致使后期在上新课期间学生对线上学习的重视程度也不高，教师线上教学的效果不理想，学生课后常常反馈听不懂，作业正确率不高。

针对这一问题，我们为学生精心设计了数学预学单，并提前一天发给学生，指导学生进行第二天要学的数学知识的预习活动，帮助学生提前了解和熟悉要学习的新知识，让学生做到心中有数。例如，在进行《平移、旋转和轴对称》这一课的教学时，我们为学生设计了如下预学单：

1. 预习课本第一单元，结合课本内容，了解什么是平移，什么是旋转和轴对称，各有什么特点；

2. 观察生活中的平移、旋转现象，搜集生活中常见的轴对称图形；

3. 动手画一画，做一做，设计与平移、旋转、轴对称相关的图案作品。

通过运用预学单对学生进行预习指导，并引导学生观察搜集生活中与平移、旋转、轴对称相关的事物，鼓励学生动手创作相关图形、图案。学生对平移、旋转和轴对称有了初步的了解，有了预习的铺垫，就不会对第二天的线上教学内容产生陌生感，也不会毫无头绪。这有效地改善了数学线上教学中学生被动学习的状态，优化了线上教学效果。

（二）因材施教，根据学情实施分层教学

由于一些数学教师没有充分考虑到学生的个性化学习需求和每个学生的学情，如学生的数学基础，数学学习兴趣、学习动力和数学思维能力等，在数学线上教学过程中，采用统一的线上教学内容、统一的线上作业。不得不说，这和传统小学数学“一刀切”的教学模式如出一辙，容易导致学习成绩好的学生“吃不饱”，学习成绩差的学生“消化不了”。特别是对于自觉性差的学生而言，线上教学往往让他们内心抵触学习，消极怠惰地被动学习。他们往往容易受到居家环境的影响和电子产品的诱惑，导致上课听不懂，知识掌握不牢固，作业完成不积极、不认真。久而久之，学生与学生的成绩差距越拉越大。

针对这一问题，我们对线上学习展开了积极探索，以求在最大程度上做到从学生的学情出发，实施因材施教。第一，召开线上教学研讨会，反复沟通，不断优化教学内容设计，充分融入分层教学理念，兼顾容纳适合不同学生学习水平的知识内容，做到以夯实基础为主，适度拓展为辅。第二，积极实施作业的分层设计与布置：对于学习成绩中上的学生，除了要求掌握基础知识外，还要通过作业设计培养他们对知识的运用能力和探究能力；对于学习成绩较差的学生，要减轻他们的作业负担，以保证他们对数学学习的积极性，同时降低作业难度，以增强学生数学学习的信心，实现线上教学的增效减负。第三，有针对性地做好作业批改与指导。对于个别学习困难学生，应加强与其家长的沟通与交流，系统化指导家长引导和督促学生进行相关线上视频的学习，并加强对学生的错题辅导，帮助学生实现个性化学习，在最大程度上帮助每个学生实现学习上的进步与提升。

（三）授之以渔，帮助学生攻克重点难点

在线上教学过程中，学生居家学习，教师不能第一时间掌握学生的学习状态，对于学生学习状态的管理力度也大大降低，对于教学内容的动态调控空间也几乎为零。对此，数学教师在线上教学过程中要让学生学会学习、学会思考，掌握学习数学知识和解决数学问题的方法。坚持“授之以渔”的教学理念，帮助学生在数学重难点知识的学习上掌握科学的、行之有效的学习方法，促进学生高效学习。

例如，在进行《表面涂色的正方体》这一课的线上教学时，为了培养学生探究数学规律、解决数学问题的能力，训练发展学生的数学思维和空间观念，我引导学生一步步探究，将一个涂色的正方体每条棱平均分成 2 份、3 份、4 份，了解每种情况下小正方体的个数，并让他们思考每种情况下小正方体中 3 面涂色的有几个，2 面涂色的有几个，1 面涂色的有几个，0 面涂色的有几个。在教学过程中，我注重启发学生对计算结果进行规律总结，鼓励学生在每个环节动手计算，大胆尝试将自己发现的规律用公式表示出来，并对自己猜测的规律进行验证，看是否适用于所有情况。最后，我通过适度的拓展训练让学生学以致用，帮助学生实现知识的正向迁移。在这个过程中，学生不仅掌握了表面涂色正方体相关的知识和公式的由来，而且对如何解决同类问题，如何灵活运用公式解决数学问题有了深刻的认识，实现了授之以渔和让学生“知其然并知其所以然”的教学目的，深化培养了学生运用数学知识和数学方法解决实际问题的意识和能力。

（四）微课运用，对线上教学的补充讲解

随着信息技术的发展，微课凭借其自身突出的优势特点，被广泛应用于现代化教学之中。具体而言，微课具有三大方面的特点：第一，针对性强，重点突出，动态生成，形象直观，能够将数学知识化抽象为具体，帮助学生更好地学习数学知识；第二，微课短小精悍，能够促进学生碎片化学习；第三，微课具有打破时空限制的特点，帮助学生随时随地、反复多次地进行数学知识的学习，这也是疫情期间教师首选微课来辅助线上教学的重要原因。

在数学线上教学过程中，我们发现预设的教学内容在实际教学中并未取得理想的教学效果，学生在学习过程中会产生一些疑惑，还存在课后作业出错率高等问题。针对这些问题，我们从微课入手，从以下几方面运用微课短视频弥补线上教学的不足，进一步辅助和深化线上教学：第一，帮助学生利用课余时间巩固温习线上学习的内容，夯实学生数学基础；第二，针对学生课后提出的问题，利用微课对学生的困惑进行统一答疑；第三，借助微课对学生出错率普遍较高的题目进行讲解；第四，借助微课为学生进行个性化辅导，用微课拓宽学生的数学视野等。

例如，在《圆柱和圆锥》这一课的线上教学过程中，我发现由于学生对几何图形的推导和演绎过程掌握不牢，致使这一部分的作业错误率很高，很多同学对稍微有点难度的问题束手无策。针对这一情况，我设计制作了《圆柱和圆锥》相关的微课视频，生动形象地展示了知识的推导过程，让学生“知其然并知其所以然”，将学生常犯的错误、相关的解题技巧精炼地归纳出来，发到班级群中，让学生利用课余时间进行巩固学习，较好地改善了这一部分内容的教学现状。学生的几何观念、空间思维能力、推理能力和解决问题的能力有所增强。

（五）学习动力，建立奖惩激励机制

学生居家学习期间自我管理松懈，产生懒惰思想是不可避免的，为了更好地激发学生对数学学习的兴趣，提升学生数学探究的欲望，鼓励学生积极完成数学作业，我从学习动力入手，建立起数学学科相关的奖惩激励机制。

首先，我针对学生在家学习过程中容易受到电子产品诱惑、学习自觉性差、线上学习行为态度不端正、家长难管教的问题，引导学生制定了《数学线上学习行为公约》《电子产品使用行为公约》《线上学习奖惩制度》等，对学生线上学习的行为、状态，线上作业的完成情况，居家学习期间手机使用行为予以规定。其次，对于学生完成作业不积极的问题，我实行了线上数学学习的积分制，允许学生在开学时用居家学习期间积累的积分兑换“勤学卡”和“勤学奖品”。这在一定程度上规范了学生居家数学学习的行为活动，激发了学生数学学习的积极性。

（六）家校合作，线上沟通“隔空不隔情”

数学线上教学要达到理想的效果，除了关注学生的学习状态和知识能力情况外，更应该关注学生的学习心理，给予学生更多的人文关怀，从精神上激励学生上进，从学习需求上帮助学生解惑，这是“立德树人”的需要，更是数学学科实现教学与育人的重要内容。对此，在线上教学期间，我们从情感入手，加强家校合作，积极做好与学生、家长的线上沟通，做好线上家访，打破不能面对面交流的局限。家校携手，关注学生的精神世界，共同为学生构筑起一个健康和谐的成长环境，帮助学生健康成长。

例如，对学生进行赏识性评价，多一些暖心的鼓励、赞扬和肯定，多和学生线上交流、沟通和互动，积极解答学生提出的问题，倾听学生的声音；在制定线上学习相关规章制度时适度采纳学生所提出的意见和建议，营造和谐的师生关系，拉近师生的距离等。这些虽然对于数学线上教学没有直接的作用，但是其隐性的教育意义是不可忽视的。它可以让学生热爱数学学科的学习，激起学生对数学学习的信心。这也是优化提升线上教学实效性的必经之路。

数学教师要提高自身的线上教学水平，优化线上教学的效果，必须关注学生学情，从实际问题出发，找准线上教学的立足点，提升解决问题的能力。具体而言，本文结合自身教学经验提出了疫情背景下小学数学线上教学的立足点：第一，从预习入手，指导学生做好预习工作，帮助学生在线上学习过程中做到心中有数，胸有成竹；第二，从学情入手，切实做到因材施教，根据学生学情实施分层教学；第三，从方法入手，做到授之以渔，引导学生总结数学学习方法，帮助学生攻克重点、难点；第四，从媒介入手，充分利用微课的优势特点，对线上教学内容或学生产生疑惑的知识点进行补充讲解，加深学生对知识的理解，提升学生对知识的运用能力；第五，从动机入手，建立数学奖惩机制，为学生的数学学习增加源源不断的动力；第六，从情感入手，加强家校合作，做好线上家访工作，加强对学生的人文关怀，实现线上沟通“隔空不隔情”，用情感激励学生线上学习。

参考文献

[1] 李宇韬．线上线下融合的小学数学运算深度教学设计策略——以“三位数乘两位数”为例 [J]．中小学数字化教学，2019(11):13-16.

[2] 董成．“线上线下”相结合，优化小学数学作业模式 [J]．课程教育研究，2019(21):150.

[3] 张福德，刘丽霞．线上线下混合式数学作业的案例研究 [J]．新课程（下），2019,(02):12.

[4] 潘光志，刘媛．指向个性化发展的小学数学“互联网＋教学范式”[J]．广东教育（综合版），2019(10): 49-50.

[5] 伊永传．“互联网+”背景下小学数学构建高效课堂的基本策略 [J]．中国校外教育，2016,(10):94.

后疫情时期小学数学线上教学的思考与实践

□ 沈丽娇*

【摘　要】线上教学逐步普及，但在教学实践中也暴露出一些问题，如教师线上教学技能不足、学生自主性差、家长监管不力、线上直播平台功能不全面等，都会影响教学效果。作为一名小学数学教师，本着让孩子们线上学习有趣味，线上学习无负担，线上学习有收获的教学目标，我结合疫情期间线上教学实际情况，谈谈自己在开展小学数学线上教学时遇到的问题，进而提出提升线上教学效果的一些策略。

【关键词】小学数学；线上教学；混合教学

2020年的春节，一切都因新冠肺炎疫情而变得与以往迥异，疫情打乱了人们的生活节奏，学校开学一再延期。上学成了老师、学生以及家长们的“奢望”。为了保障学生健康成长，开学“延期不延教”，我校开展了“停课不停学”线上教学活动。尽管现在疫情有所缓和，但经过此次疫情，大家都意识到了线上教学的重要性，将来仍有可能延续线上教学的模式，使线上教学成为一种不可或缺的教学模式。但是，疫情期间开展线上教学所暴露出来的一系列问题，也恰恰说明教师、学生、家长乃至社会都没有做好充足的准备，亟须大家落足实际，解决问题。

一、小学数学线上教学存在的问题

（一）教师方面

对于前期未接受过专业线上教学系统培训的教师而言，不仅需要面对怎样以网络直

* 作者系吴江经济技术开发区花港迎春小学教科室副主任，中小学二级教师，教坛新秀

播的形式为学生进行有效教学、如何保障线上教学的课程资源以满足学生学习需要、怎样在轻负高效的理念下为学生开展线上教学等问题，还要考虑如何保障线上教学有序顺畅地进行等技术上的问题。

1. 师生互动难度大，教师线上教学技能不足

线上教学意味着教师不再通过课堂面对面、手把手地直接教学，而是通过网络进行教学，这对教师的信息素养以及信息化教学能力来说是巨大的挑战。对于小学阶段的学生而言，他们大多存在自控能力差、贪玩等特点。首先，因为学生处于宅家学习状态，老师无法及时监控学生的学习情况，致使线上教学不能够满足不同层次学生的需要，所以，课堂上如何与学生实现有效互动尤为重要。其次，“课堂教学为主，其他教学为辅”一直以来是教学实践常态，而教师在开展线上教学时，往往是以板书的模式进行教学，在一定程度上弱化了线上教学的作用。

2. 学生缺乏自主性，家长配合监管不力

首先，线下课堂，学生们听到上课铃声响起就会自觉做好课前准备，但当上课的阵地转换到网上时，学生的自觉性明显降低。而老师除了提前在 QQ 群内发送课表，提醒大家按时进群上课，以及推送通知外，似乎再没有其他的办法了。然而这样的方式，仅能让学生被动地坐在电脑前，等待老师开课，而无法从根本上激起学生上课的主动性，进而影响教学效果。

其次，课后监管迥异于平时课堂教学。新课能否掌握，作业能否真正及时有效地完成，老师是无法监管到位的。这一点，除了需要学生高度自觉，更需要靠家长认真督促。在线上教学过程中，教师通过提醒家长来督促学生及时完成作业，并进行线上不定期抽查，以此来判断学生的学习情况。这种教学评价在一定程度上缺乏合理性和全面性，缺乏对学生学习过程的评价，需要加以完善。

（二）社会资源方面

1. 教学设备硬件不齐全

线上教学的开展，网络设备是基础。而在线上教学实践中，突出的问题就是设备硬件不齐全，网络卡顿，师生线上及时有效的互动因此受阻。同时，对部分学生而言，学习设备也是相对缺乏的，有些同学没有手机、电脑、平板等线上学习工具。缺乏硬件设备，就难以开展线上教学，更别谈学习能力的培养了。

2. 直播平台功能不全面

为保证线上教学的有效开展，教师们开始寻找功能全面、操作方便的线上教学直播平台，于是教师们开始安装各类软件，积极探索适合自己的高效在线教学模式。经调查发现：我校教师用得比较多的直播平台是钉钉、QQ 群课堂、CCtalk 等。但据老师们的使用反馈，单一的某个直播平台并不能涵盖教师线上教学所需的所有功能，可以说是各有利弊。比如，钉钉平台可以说是功能比较强大了，教师可以从后台查看到具体哪位同学看了直播、哪位同学没看，具体看了多久，但它在家长、学生中使用率不高；QQ 群课堂作为常用工具，操作更为简便，可直接在班级群里打开。但在实际操作中发现教师与学生连麦不够便捷，时常会遇到教师呼叫该学生却没有回应的情况；CCtalk 操作也较为容易，教师可直接在 PPT 上作批注，它的功能类似 QQ 群课堂，但它只允许一名学生上麦，无法实现有效的生生互动。因此，如何选择能满足线上教学所需功能的直播平台，也成了困扰教师的一个问题。

3. 教学资源内容不专业

在疫情期间，各大网络平台推送的线上教学资源如雨后春笋般涌现出来。面对海量的教学资源，如何正确选择优质专业的教学资源也成为困扰教师的问题。这些在线教学资源虽然种类繁多，内容丰富，但是质量良莠不齐。部分教师直接把资源不加筛选地分享给学生，造成学生不能进行针对性的学习，浪费了时间。

二、小学数学线上教学效果提升的策略

在开展线上教学时，除了科学设计线上课程内容，提升网课趣味性，教师还要完善线上教学过程。线上教学和传统教学一样，也包括作业和学习检测环节，但需通过网络手段和家校合作，监督学生进行复习整理，从而提升教学效果。

（一）教师方面

1. 引导学生参与，增强师生有效互动

在线上教学的过程中，教师要避免板书教学的单一性或者多媒体教学的单一性，将线上教学转变为师生在线研讨的现场。为此，教师可以在抛出问题后，停留一段时间，引导学生对某个数学问题或者数学知识开展学习研讨，以研讨的方式鼓励学生参与学习，提高学生学习质量。为了避免研讨杂乱无章，教师可以先安排多个学生代表进行发言，之后由其他学生进行补充，然后利用语音、屏幕共享功能跟同学们进行简单的互动，并加以指导，在生生交流中进一步让学生领会解题策略，从而掌握解题方法。此外，教师还可以在课件中穿插一些动画，帮助学生轻松掌握知识难点，激发学生的学习热情。

2. 展示优秀笔记，保证线上学习质量

线上教学与实际教学的不同之处在于教师难以通过面对面、手把手的方式引导学生进行学习，很难对学生的学习过程进行有效监督。同时，对于部分学生而言，在缺乏教师的监督时容易出现听课不认真、作业完成不及时等情况。想要改变这种情况，教师可以借助线上笔记检测的方式来督促学生认真完成线上学习，从而及时监督学生线上学习的状态以及线上学习的效果。例如，教师在引导学生进行“等式与方程”这一版块内容的学习过程中，在为学生讲授到等式和方程的特征，以及它们之间的关系时，就可以让学生对该知识点进行图文记录，并要求学生画图表示，加深学生对等式与方程的关系的理解。在课程结束后，教师要求学生将自己的课堂笔记以拍照的方式上传。教师再通过检查笔记的方式，对每个学生的课堂学习效果以及学习态度进行评估，确保学生认真仔细地听取了网课内容。从下面展示出来的学生笔记（见图 1），可以看出这两位学生的听课过程是比较完整的，不仅记录得全面，还能用不同颜色的笔标出重要知识点。此时，教师应抓住学生的闪光点，在上网课的时候展示，并点名表扬，一来可以鼓励笔记做得好的同学继续保持，二来可以正面引导笔记做得不那么认真的同学再接再厉，争取在下次的直播课上被展示出来。

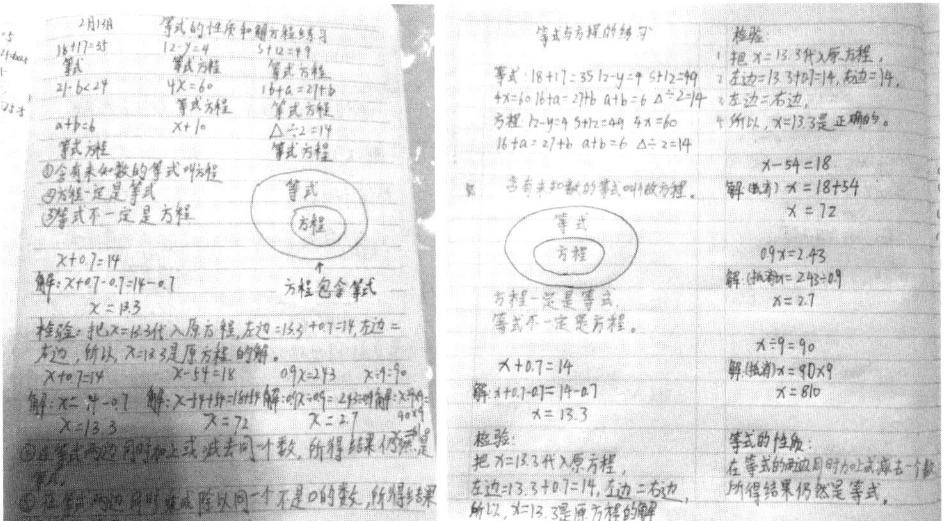

图1　学生优秀笔记

3. 及时查看数据反馈，教学效果评价精准有效

线上教学中的“E+”互动学习云平台、“一起作业老师”App 等教学平台都可以在学生学习过程中形成大数据，教师通过数据反馈来了解学生的学习效果，教学会更加精准。例如练习环节，通过“一起作业老师”App 向学生发送选择题，在收集学生的答案后可以精准掌握学生的正确率，知道哪些同学错在哪个选项上。让学生议一议、纠一纠，更有利于学生对知识的掌握 , 也为教师调整教学提供了精准导向。在课后综合练习环节，可以设计“闯关争星”比赛，让学生直接在课后的练习单上答题。通过“一起作业老师”App 的分析，每位学生答题的相关数据清清楚楚，教师就可以观察到全班同学的练习完成情况以及每道题的正确率，这样教师就能有选择地对练习题进行讲解。这对教学评价与课后指导非常有益。

4. 借助家校有效协作，共同引导学生有效学习

疫情期间，学生只能宅在家中。而在此背景下，教师虽然能够通过网课的形式为学生进行课堂教学，但是难以通过实际观察以及有效接触的方式对学生的真实学习情况进行了解。为了有效提升学生的自我管理能力，教师可以在线抽查，请家长辅助监管，以保障线上教学的开展。抽查并不是简单地看学生是否在学习，而是考查学生学习效果。对于学生学习不到位的地方应该指出，同时请家长加以引导和监管。家长辅助监管能够弥补教师线上教学中不能切身监管的不足，“家长是孩子的第一任教师”，在教学威慑力、引导力等方面具有天然的优势。实施家长辅助监管，现实意义重大，也是应对疫情下学情问题的有效手段。例如教师在引导学生进行知识拓展讲解时，就可以要求学生以及学生家长共同参与学习，并在为学生和家长简要概述问题情境后，让他们以一起交流讨论的方式对该问题进行探讨，并要求家长以鼓励为主的形式引导学生对该问题进行深入探究，从而启发学生的数学发散思维。通过线上教学，我们很容易发现，家庭教育对线上教学效果具有较大的影响，对学生线上教学重视度高的家长，他们孩子的线上学习效果相对好很多，线上测验的成绩也会比那些听之任之、不予管理的家庭的孩子高很多。其实，家长如果能够利用好孩子疫情在家学习的这种特殊情况，不仅能够拉近与孩子的距离，还能改善孩子学习习惯，帮助孩子的学习更上一层楼。

（二）社会资源方面

1. 配齐教学设备，整合教学资源

教育教学部门要从当下出发，做好线上教学设备配置和维修的工作，为城乡同步实

施线上教学提供便利。教学设备配齐需要做到以下几点：第一，开展设备调研工作，目的是排查出网络设备缺失的地区并对现有设备加以完善；第二，配备电信安装调试人员，可以对网络设备进行安装、调试等，以此保证设备的安全和有效；第三，构建设备维护反馈机制，要与教师及当地通信部门沟通合作，完善设备维护反馈机制。同时，学校应该发挥自身优势，整合各方资源，落实线上教学的主体责任，合理进行人员配置，收集线上教学资源，优化设备，保证线上教学有效开展。

2. 组合多种教学平台，提升教学效果

目前，在线教学直播平台种类多。因此，教师在选择时应统筹考虑学生的家庭信息化条件，应选择操作简单、上手快、师生交互性强，包含板书、提问、举手、批改作业、直播回放等功能的线上教学平台。

（1）“图片 + 语音”教学模式

对于一些年龄稍长的教师来说，使用新型线上直播平台有些难。如果采用“图片 + 语音”这种教学模式，只要教师会使用QQ，就能与学生在约定时间直接进行在线交流了。这样的交流互动虽然不那么流畅，但是至少能满足线上教学的基本需求，学生还可以反复点开语音，进行二次学习，错过授课的学生，也能在有空的时候进群重新学习。

（2）“QQ 群课堂 + 老师助手小程序”教学模式

疫情期间，我是通过“QQ 群课堂 + 老师助手小程序”的模式进行线上教学的。早上，我会通过 QQ 中的老师助手小程序布置作业，要求学生完成作业后在老师助手小程序中提交。我会在第一时间进行批阅，用文字或语音进行点评。学生作业完成得好的可以获得一朵小红花或点赞。这些功能让我批改作业轻松了不少的同时，及时的点评以及小红花可以让学生保持学习热情。晚上，我根据学生的作业情况进行针对性的答疑。我打开 QQ 直播间，在功能区进行屏幕共享，打开 PPT 实现在线直播教学。直播教学中学生全员静音，学生可以举手连麦，教师同意后，学生也可共享自己的屏幕并汇报。采用“QQ 群课堂 + 老师助手小程序”教学模式，使得线上教学得以有序有效地开展，提升了学生的学习效果。

后疫情时代中职语文信息化教学探析

□ 韩 燕*

【摘 要】中职语文信息化教学模式更贴近中职学生生活实际，符合语文学科的特点，有助于价值观教育与学科知识教学相结合，通识性教育与职教特色相结合。但其现状不容乐观，疫情期间的线上教学效果并不理想，教师信息化水平不高，“无效信息化”情况严重。可见，提高中职语文信息化教学的效度很重要。语文教师必须与时俱进，提高信息化水平，丰富信息化教学手段，在信息化技术的辅助下，同时兼顾课上的“学”和课下的“习”。

【关键词】中职语文；信息化教学；必要性；现状；有效性

从二十世纪末开始，以互联网为代表的信息技术对各行各业都产生了巨大的影响。教育也在这波热潮中乘风破浪，从电视大学到慕课，从 PPT 到微课，从单向输入到双向互动，一次次的变革都彰显了教育人不断探索的勇气。2020 年受新冠肺炎疫情影响，线下教学被迫转移到线上，在持续数月的线上教育实践中，众多教师心中五味杂陈。

一、中职语文信息化教学的必要性

信息化教学，是指在教学中应用信息技术手段，使教学的所有环节数字化。显而易见，信息化教学的目的是提高教学质量和效率。质量和效率正是中职语文教学难以言说的痛，穷则思变，改变迫在眉睫。

* 作者系江苏省吴中中等专业学校讲师

（一）语文学科的特点

语文这门学科，既有工具性又有人文性。信息化时代是知识大爆炸的时代，在互联网上，天涯即咫尺，真正做到了“秀才不出门，能知天下事”。语文与生活息息相关，教师应该利用信息化平台培养学生关注生活、独立思考的能力。同时，当传统课堂无法对口语训练进行跟踪时，信息化平台却可以有效帮助学生完成相应的表达与交流，学以致用。在信息化背景下，语文学科的工具性和人文性得以更好发挥。

（二）中职语文的特殊任务

中职语文的特殊性还体现在其充分挖掘了独特的育人价值，并紧跟时代要求，与专业课积极融合。中职语文新课标要求语文教学必须做到“价值观教育与学科知识教学相结合”“通识性教育与职教特色相结合”。语文课文中蕴含的思想能引导学生树立正确的价值观、人生观，优化个体的行为。空洞的说教味同嚼蜡，融入学生生活中的情感态度和价值观才是有源头的活水。当代中职学生是互联网原住民，信息化教学势在必行。

在信息化时代，大部分行业都有线上业态和线下业态，同样，中职学校的专业课也普遍与信息化紧密挂钩。语文学科想要更好地与专业课相融合，就必须顺应时代要求，积极挖掘信息化教学资源。

二、中职语文信息化教学的现状与问题

疫情时期，中职学校语文学科线上教学主要有两种方式（以笔者所在学校为例），分别是录课式（中职课堂）和直播式（中职 3+4 课堂）。学生反馈如何呢？在对本校学生的问卷调查中，笔者很遗憾地发现学生的线上学习效果不尽如人意。具体分析见图 1。

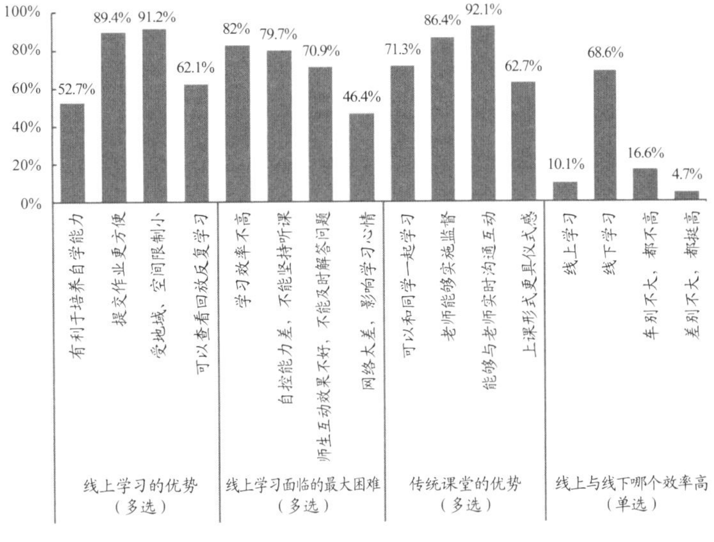

图1

由此可见，疫情期间的线上教学效果并不理想。无论是录课式还是直播式，所

呈现出异常繁荣的在线教育，其实是传统线下教育的一种代偿形态，因为疫情当前，我们只能选择这样一种方式。那么这说明线上教学比不上传统教学吗？非也。因为这种代偿形式的线上教学并非真正的信息化教学。后疫情时期，学生回归课堂，信息化教学应该是传统课堂教学的有效补充和完善。但疫情期间线上教学遇到的问题也击中了信息化教学的一些痛点，在此基础上，笔者重点探讨后疫情时期语文的信息化教学。在对本校24位语文教师问卷调查后，结果如下（见图2）：

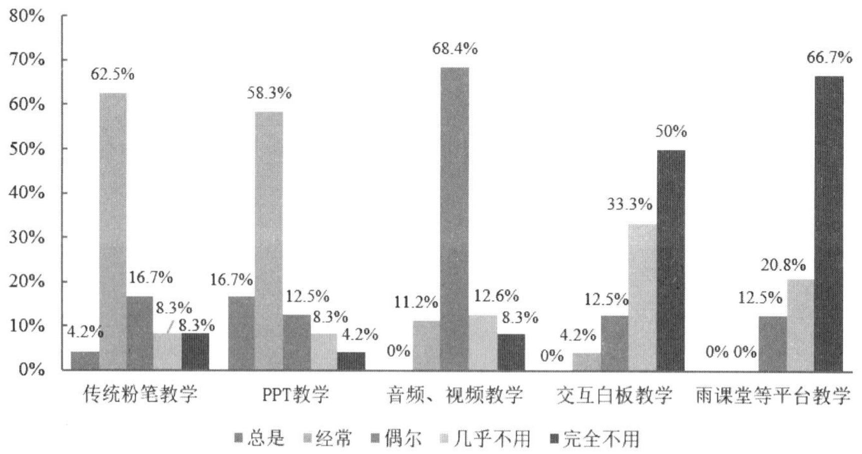

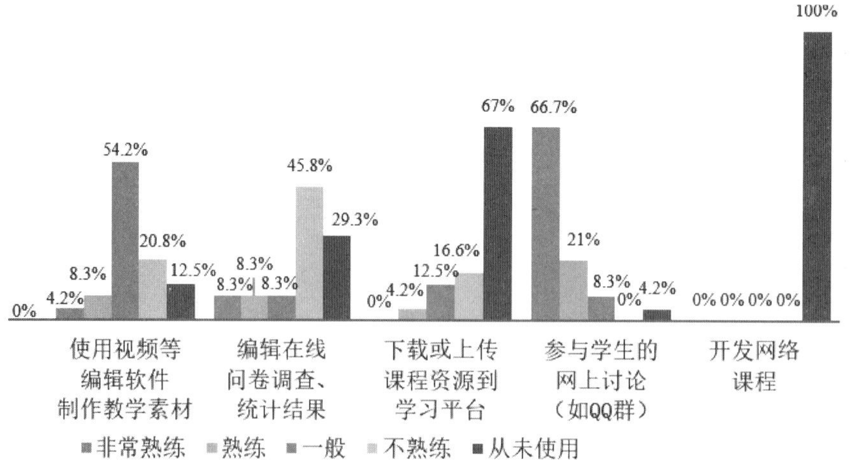

图2

根据上表，中职语文信息化教学现状堪忧，主要体现在三个方面：

（一）语文教学信息化程度偏低

“粉笔 + 黑板”的传统课堂依然存在。表 2 中传统粉笔教学占比并不小，对多媒体的运用也大多停留在 PPT 展示上，过于单一，并不符合当代中职生的期待与需求。而且这样的课堂效率并不高，教师往往受制于 PPT 的内容，不能很好地根据课堂动态灵活地处理突发状况，容易使课堂呈现出填鸭式教学的状态，导致学生满腹怨言，教师苦不堪言。疫情期间的教学虽然利用了腾讯会议等线上平台，但“教师的嘴巴 +PPT”的模式并没有改变，这也正是表 1 所呈现出的学生对疫情期间的教学并不满意的原因之一。

（二）教师信息化水平不高

不可否认，部分教师的思维相对固化，对信息化教学平台缺乏兴趣和热情，守着一亩三分地，不做出改变，但更主要的原因是受到信息化知识的限制。从表 2 可知，许多语文教师对信息技术很陌生，对电脑的了解只局限于 Office 的使用和一般文献、图片等的查找和下载，对编辑视频、制作教学素材等相对陌生，更谈不上能够开发网络课程了。

（三）“无效信息化”情况严重

根据疫情期间线上教学情况的调查数据，在信息化教学中，我们需警惕“无效信息化”。表 1 显示，学生在线上学习中面临的最大问题是学习效率低，这恰恰与信息化教学的目的背道而驰。信息化应该用在刀刃上，帮助学生更有效地学习知识，而不是作为装点课堂的美丽的外衣。首先，录播课不适合在中职学校推广，学生的注意力和接受力决定了时间比较短的微课才是符合学情的。45 分钟的线上课程中没有互动，学生能认真学下来已是奇迹，指望他们反复看课学习，只是教师的一厢情愿罢了。其次，有学必有习，有习必有批。笔者认为，信息化平台在批阅客观题上是有得天独厚的优势的，但主观题的批阅很难操作，教师普遍反映，疫情期间对着手机、电脑批阅简答题、作文等题型更加耗时耗力。信息化教学只是课堂教学的有效补充，若要求在语文课堂上完全无纸化，笔者认为是荒诞的。最后，信息化教学不应取代必要的课堂环节。笔者听过一堂课，讲《雷雨》，在分析周朴园对鲁侍萍的感情时，学生的看法出现了分歧，这本是很好的课堂动态，如果组织学生讨论，引导他们更好地认识小说人物形象，势必能进一步培养学生的文本解读能力。但讲课老师为了体现信息化教学，让学生在蓝墨云班课平台上在线讨论，原本热烈的课堂瞬间静如止水，只剩下屏幕上一行行的字和一些无关紧要的附和。笔者很疑惑，师生明明近在咫尺，面对面的讨论难道不更有效吗？

三、对提高中职语文信息化教学有效性的一些思考

提高教学的有效性，从而促进学生更好地学习、成长与发展是教学的重中之重。那么，中职语文课堂该如何借助信息化技术的优势，将信息化技术有效地应用、整合于课堂教学呢？笔者做了以下一些探讨。

（一）与时俱进，提高信息化水平

中职语文教学一直处于尴尬的境地，一方面，其他学科教师认为语文最简单、最无用，另一方面，语文教师坚守着越来越窄的阵地，不知如何改变。信息化教学往往因缺少书卷气和人文味，而被语文教学所排斥。“各个语文学派对语文教学信息化的研究或是缺位或是只言片语，这种集体的忽视正反映出语文教师对信息化教学的轻视。”落后的信息化观念将是影响语文教学信息化进程的最大阻力。我们必须接受当前中职生是网络原住民的现实，正确认识信息化教学的必要性，改革传统课堂。积极学习，提高自己的信息化水平已成为中职语文教师的当务之急。

（二）百花齐放，丰富信息化教学手段

根据表 2 数据，中职语文教师运用的信息化教学手段比较单一。随着信息技术的发展，信息化教学手段越来越多样化。线上讨论可以通过微信平台、QQ 平台、腾讯会议等进行，知识点讲解可以借助微课、慕课等平台，课堂教学可以使用云班、云课堂、雨课堂等平台。智能手机让中职语文教学信息化成为可能，在给学生带来丰富的学习体验的同时，也提高了学生的学习兴趣，从“让我学”变成“我要学”。

（三）统筹兼顾，全面关注“学”和“习”

“学习”是由两部分组成的，先是“学”，然后是“习”。学只是一个开始，它最终的成果必须要依赖于学之后大量的练习。曾子说的“吾日三省吾身”，其中的一省便是“传不习乎”。可以说在中国古代的教育理念当中，练习被放在了一个非常重要的地位。信息化教学要有效，就必须兼顾到课上和课后。目前信息化教学手段多运用在预习、复习中，相较于传统教学，优势显而易见，不仅能统计完成率，而且也能够反映学生对知识的掌握程度。但对语文而言，信息化教学却略显边缘化。语文的学科特点注定语文主观题远多于客观题，怎么办？笔者认为建设信息化学习资源库是一个有效的手段。以建设学业水平测试习题资源库为例，语文教师分工合作，以模块为单位，将复习资料上的所有主观题电子化，并重新排列组合，以便于学生反复练习。事实证明，效果很明显。当然，因为对文本的理解具有主观性，语文答案具有灵活性，所以教师的平台批阅体验

感并不好，期待未来出现更先进的信息化手段。

以上解决的是“习”的问题，接下来笔者再说说“学”。在传统课堂中，老师提问，学生回答，然后老师给出反馈，这是一个双向互动的过程。但其中存在着一个我们不易觉察的漏洞，就是这种教学虽然具有一定的互动性，但是这是远远不够的，教师永远都只能关注到一小部分学生。有了信息化手段，这个问题就可以得到很大的改善。比如笔者在讲授《将进酒》时，给出了几段配乐，要求学生边听边在教学平台上做出选择。大多数同学选了正确的配乐 3，但有 6 位同学同时选了配乐 1，了解下来才知道，他们对诗歌的感情理解得比较单一，如果是传统课堂，这几位同学必然就被忽略了。

当然，有效教学还可以有其他信息化手段的介入，不过万变不离其宗，任何方法都必须遵循中职语文的学科特点，以学生为学习主体。后疫情时期，信息化教学的呼声越来越高，我们并非盲目从众，而是身体力行，顺时而动。成为一位拥有更多信息化设备和技术支持的“超级教师”，让学生乐学，自己乐教，盍试为之？

参考文献

[1] 教育部职业技术教育中心研究所．中等职业学校公共基础课课程标准学习读本 [M]．北京：高等教育出版社，2020.

[2] 姚玉清主编．现代教育信息化管理 [M]．上海：同济大学出版社，2012.

[3] 中华人民共和国教育部．中等职业学校思想政治、语文、历史课程标准（2020 年版）[S]．北京：人民教育出版社，2020.

[4] 谷金军．中职语文教育信息化教学初探 [J]．品味经典，2020（05）：125-126.

[5] 邱兰钧．论如何运用信息化手段提升中职语文课堂教学的有效性 [J]．才智，2019（23）：103.

疫情背景下基于希沃白板的初中语文阅读教学应用研究

□ 陈媛捷*

【摘　要】突如其来的新冠肺炎疫情，不仅改变了社会生产与人们的生活秩序，也给师生的教与学带来了较大的挑战。疫情之下，师生开启了居家线上教与学的新模式。原本课堂上的面对面学习交流方式转为屏对屏的教学方式，一线教师化身为“十八线”的网络主播，为学生录制教学视频或进行直播授课。作为一名初中语文教师，为了更好地激发学生居家阅读的兴趣，提升学生的语文阅读能力，笔者基于希沃白板，探究疫情背景下如何进行初中语文阅读教学，希望能够对教师的“教”与学生的“学”有所启迪。

【关键词】希沃白板；阅读教学；思维导图；课堂活动；学科工具

疫情期间，师生开启了居家线上教与学的新模式。面对屏幕，学生缺少了教师的现场监督与和教师、同学的互动交流，容易分散注意力，产生倦怠感。尤其是在进行语文阅读教学时，线上课堂易出现教师一味讲解、学生被动记录的现象。鉴于此，笔者尝试改变以往使用 PowerPoint 制作教学课件的方式，转而使用希沃白板。通过巧妙设置思维导图、开展课堂活动、运用学科工具的功能，生动形象地呈现文本内容，挖掘文本的深层内蕴，帮助学生体悟作者的丰富情感，进一步激发学生对语文阅读的兴趣。

* 作者系昆山市城北中学语文教师，中小学一级教师

一、“思维导图”巧设置

思维导图是以辐射线形连接与中央关键词相关联的所有的代表字词、想法、任务或其他关联项目的图解方式。这种方式在当今的课堂教学中已被普遍使用，尤其是在语文阅读教学中。借助希沃白板绘制思维导图，引导学生梳理文章脉络，挖掘文本内涵更具有优越性。

例如，《蝉》是部编本《初中语文（八年级上册）》第五单元的一篇文艺性说明文，选自法布尔的《昆虫记》。本单元要求学生把握说明对象的特征，了解文章是如何使用恰当的方法来进行说明的，体会说明文语言的特点。该文在语言上不仅准确、严谨，还生动形象，富有情趣，学生阅读兴趣极为浓厚。文章里行间融入了作者对蝉的丰富情感，也展现了作者长期细心观察、研究的科学精神，易于激发学生探索科学奥秘的兴趣。

笔者在线上讲授《蝉》一文时，围绕“探究蝉艰辛的成长过程”这一主题，巧设思维导图（见图1），在逐步讲解的过程中呈现文本的主要内容，让学生直观而形象地厘清文章思路。学生在思考探究中，逐渐了解蝉建造地穴之艰、幼虫变成虫的过程之艰、产卵变幼虫的过程之艰。在探究蝉艰辛的生命历程中，领悟蝉的精神，体会作者对蝉丰富的情感。

图1

倘若教师在呈现思维导图的同时，需要插入音乐、视频、相关背景简介、超链接等，也可直接添加备注，让学生整体把握文本内容，方便快捷。例如，在讲授《藤野先生》时，笔者在呈现“我与先生交往的事”的同时，将文本原句与教师改句进行比较，引导学生在屏幕前朗读，概括藤野先生的形象特点。此外，设置超链接和相关备注以展示社会背景，让学生在知人论世中感受“我”与藤野先生之间的深厚情谊（见图 2）。

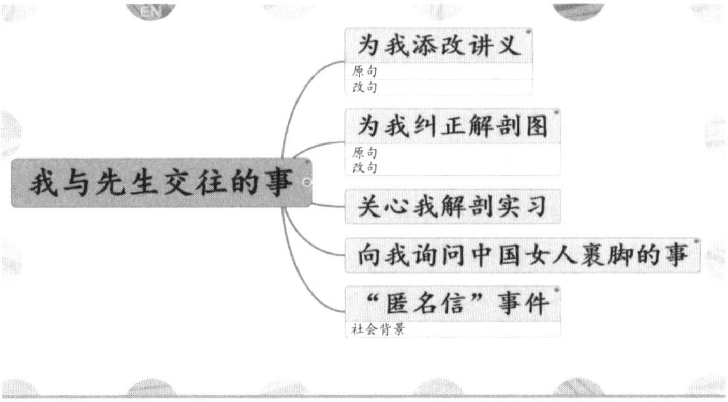

图2

因此，学生在思维导图的引领下，不仅训练了思维拓展与延伸的能力，对文本内容有了更为清晰而直观的认识，而且加深了对文章主旨的体悟，使阅读教学更有方向且能够高效地进行。

二、“课堂活动”巧开展

“课堂活动”是希沃白板自带的运用工具，包括趣味分类、超级分类、选词填空、知识配对、分组竞争、判断对错六个方面的活动类别。每一个课堂活动都有不一样的背景设置，课堂内容生动而有趣地呈现在学生面前，互动性很强。在进行阅读教学时，教师可以开展适当的课堂活动，以游戏参与的方式激发学生的阅读兴趣，丰富学生的阅读储备，增强语文阅读能力。

例如，笔者在进行古诗词阅读教学直播时，采用“知识配对”的课堂活动，让学生在屏幕前参与游戏，认真回答问题。根据学生的回答，笔者拖动选框，将诗人与诗句配对。如：曹操——月明星稀；张继——月落乌啼霜满天；李白——莫使金樽空对月；贾岛——僧敲月下门；苏轼——一樽还酹江月；李商隐——夜吟应觉月光寒。若学生回答错误则鼓励其他学生回答，若完全正确则肯定学生的思考。学生在参与游戏探究的过程中，不断优化阅读思考，丰富自身的阅读体验（见图 3）。

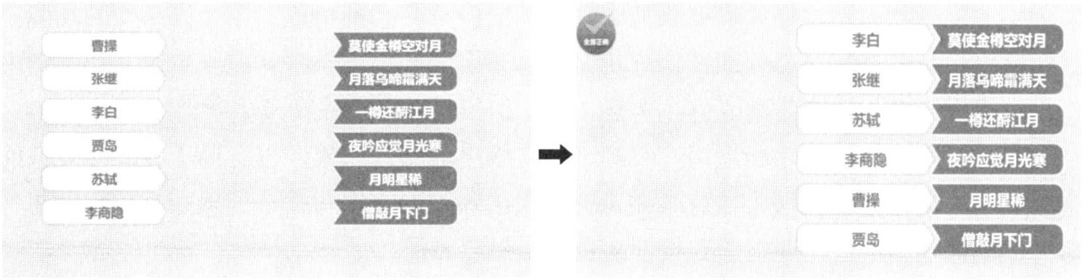

图3

线上教学采用类似的“课堂活动”，有助于教师与学生之间的互动交流，避免出现教师“满堂灌”的现象，使学生更为主动而积极地进行阅读，从而调动其阅读兴趣，提升阅读能力。

三、“学科工具”巧运用

希沃白板中的“学科工具”非常适用于各学科课堂教学。该工具栏里包括“汉字”“拼音”“古诗词”“几何”“公式”“函数”“统计图表”“听写”“化学方程式”“元素周期”“星球”“课程视频”“题库”“数学画板”“数学小测”“仿真实验”等内容。这些教学资源涵盖了语文、数学、英语、化学、地理等诸多学科领域，便于教师在课堂教学时在线操作，清晰而形象。同时，对于语文阅读教学，希沃白板不仅丰富了语文课程资源，节省了教师查阅资料的时间，也易于激发学生的阅读兴趣，夯实学生的知识基础，拓宽师生的阅读视野，丰富学生的阅读积累。

开展线上阅读教学时，笔者便灵活运用了“汉字”“古诗词”等学科工具，让学生在屏幕前对一些生僻的字词和复杂的字词义、背景知识等方面有了更为明确的认知。例如，在讲授《桃花源记》一文时，笔者在“古诗词”中搜索《桃花源记》，希沃白板可以直接呈现出原文内容，并辅以桃林的美丽图景。在授课时，点击题目“桃花源记”和作者“陶渊明”右下方的标符，会自动呈现关于文本、作者的文学常识（见图4）。同时，还能在线点击“诗词百科”与“诗人百科”，链接关于文本、作者的更多知识内容，让师生一目了然。其中，朗读是讲授古诗词的重要一环。倘若教师的朗读能力有点欠缺，则可以直接点击音频按钮，系统中会有专家的示范朗读，给学生以很好的指引，带领大家融入诗词的意境当中。对于重点文言文生字词，笔者利用希沃手写白板，直接给学生圈画讲解，在线提问解答。“古诗词”工具中还带有“全文翻译”功能，可以在讲解完后向学生展示。当然，如果需要强调个别字词的音形，教师可以运用“汉字”的功能，在田字格中规范书写，引领朗读，强化学生对该字的印象。整堂课，学生在互动教学中逐渐读懂古诗词，训练朗读能力，丰富文言知识积累，真正在阅读中学会阅读。

对“学科工具”的巧妙运用，有利于丰富学生的阅读积累，也有助于教师在专家的示范朗读中汲取朗读技巧，在背景知识的呈现中加强对文本与作者的感知与理解，在与学生的交流互动中，使课堂达到教学相长的理想境界。

总之，在疫情背景下，笔者基于希沃白板进行初中语文阅读教学的应用研究，借助“思维导图”“课堂活动”“学科工具”等功能，激发了学生的阅读兴趣，让学生充分参与阅读、学会阅读，达到居家也能提升阅读能力的较好效果。

参考文献

[1] 王雪．思维导图在小学语文教学中的应用研究 [J]．中国校外教育，2020(14):42-43.
[2] 王芳玲．思维导图在初中语文阅读教学中的运用 [J]．新课程研究，2019(25):51-52.

疫情期间宅家科学学习模式的思考

□ 高乃定*

【摘　要】2020春节前后，新冠肺炎疫情在全国蔓延开来，全国人民共同战“疫”，取得了令世界瞩目的成效。全国2亿多中小学生居家度过了史上最长寒假。“停课不停学”，中小学教师利用线上教育的形式开始了教学的变革。在近三个月的教学实践中，线上教学取得了一定的成绩，但也暴露了一些问题。小学科学课程是一项重要课程，在教学时需要家校合作，关注思维发展，关注生命教育，让孩子亲历探究，这其中有着诸多值得思考的地方。

【关键词】线上教学；亲历探究；科学思维；生命教育

2020年，新型冠状病毒肺炎疫情牵动着全中国人民的心，全国人民共克时艰，共同战“疫”，留下了许多可歌可泣的感人诗篇。全国中小学生“停课不停学”，居家线上学习，教师改变传统的授课方式，成了“一线主播”，线上教学一度成为教学改革的热点。作为小学科学教师，除了与其他课程一样遵循线上教学的特点规律，还要顾虑到科学独特的学科特色与课程要求。

一、家校联动，确保学习质量

学生居家学习不仅仅是学生个人的事情，需要学校、家庭通力合作。科学教师要提前发布课程通知，与学生约好课程时间，还要提前告知学习内容，需要学生提前做好准备，

*　作者系苏州大学第二实验学校副校长，中小学高级教师，苏州市学科带头人

尤其对器材的准备提出要求。科学教师需要将一些相关的记录表、学习表提前发放给学生，以便学生在与教师的视频互动中及时运用表格。在低年级学生的学习过程中，由于技术原因，家长要帮孩子做好课前准备。由于很多家长需要工作，或是时间安排较特殊，教师在进行视频直播教学的同时，还需要考虑录播。将教学的过程录制下来，发布在学习平台上，让那些没能在规定的时间里进行课程学习的学生看录播学习。

一些科学学习活动，可以采用亲子共学或是互助的方式。科学学习有时不能一个人独立完成，所以这时候家庭成员就成了小组共同学习的成员。如在低年级学生运用多种感官观察物体时，其中有一个活动：在一个盒子里放一些不同的水果，学生通过嗅觉去判断盒子里是什么，再在黑袋子里放入不同的物体，学生通过自己的触觉去判断袋子里是什么。这样的活动，学生自己不能往盒子里或袋子里放入物品，如果事先知道就不能用感官判断了。这时就需要家长的支持与帮助，帮学生提前准备好这些材料，这样学生就可以进行科学学习了。家庭成员的作用不仅体现在学习材料的提供上，学习过程中，家庭成员也可以一同参与。比如在低年级课本中有一课《玩转小水轮》，学生居家没有现成的小水轮，就需要用胡萝卜、铝片以及铁丝来做一个小水轮。现成的铝片没有的话，可能就需要从易拉罐上剪下来，而这个是需要考虑安全措施与技术、方法的，这里就需要家长的共同参与了。另外在用水流探究怎样让小水轮转得更快这个活动时，家长要一起参与，帮助学生做一些支撑性工作，而关键结论则让学生自己去发现，这样亲子共学的乐趣会更多。家长的参与也让学生感受到了家长对其的重视，增进了家庭成员之间关系的融洽。

二、线上线下，调整课程内容

2020 年 4 月底至 5 月初，全国各地的小学生陆续回到校园，教学活动又恢复到了往日的传统课堂。从对各种课程的线上学习的反馈效果来看，结果是不尽如人意的。无论是翻转课堂、微课，还是线上直播，由于受到硬件基础、技术手段、家庭教育以及学生自律等多种因素的影响，线上学习的效果要远低于平时在教室授课状态的效果。科学学科除了上述列出的原因，可能还和学校、家庭、学生的重视程度以及学生线上学习的材料限制有关。所以，学生返校后，学校要对这学期的课程加以调整。

由于返校学习时间短，教师该如何安排教材的课程？从头开始教肯定来不及，而且对线上学习的结果一味地否定也不对。整合成解决这一问题的必要途径，关注线上与线下课程的衔接显得尤为重要。以教科版一年级科学课程为例，教材安排了两个单元，学习内容还是比较独立的。一个单元是“我们周围的物体”，一个单元是“动物”。居家学习期间，按正常的教学进度，可以上完一个单元的线上学习课，那么还有一个单元要在学校学习，怎么安排呢？可以选择先上新的课程，第二单元 6 节课分别是“我们知道的动物”“校园里的动物”“观察一种动物”“给动物建个‘家’”“观察鱼”“给动物分类”。因为“观察一种动物”以及“给动物建个‘家’”这两课都以蜗牛为载体，重点在观察动物的本质属性典型特征，以及观察动物基本的生命需求，所以这两课可以整合在一节课内。“给动物分类”可以和课本最后有关的科学阅读整合在一起，这都是有关科普知识以及科学思维分类训练的课程，也可以作为本单元的一个总结。这样我们就可以利用 4 个课时来完成本来需要 5—6 个课时完成的内容。至于已经在线上学习过的内容，也要像这样进行整合。如前 4 课都是认识物质的一些基本特征，如轻重、形状等，我们可以将之整合成 2 课。后 3 课是认识水、空气的一些基本特征，因为这些材料在家里相对好找，学生也跟着教师做过，所以我们可以将之整合成两课。这样无论返校后先教哪个单元，我们都注意了线上与线下课程的衔接，同时也为那些居家时实在没有条件开展线上学习的学生进行从零开始的教学。关注到每一个学生，不死守教材，这对于科学教师来说是个挑战。

三、动手探究，亲历科学过程

疫情期间，由于受到场地、材料的限制，很多的科学线上课成了“讲科学”“看科学”，学生很少去“做科学”。一些科学概念、科学知识，学生通过听讲解能够掌握，但这种掌握只是一种生硬的记忆。也就是“听会忘记，看能记住，做才能理解”。所以亲历科学探究是科学学习的一种基本的学习模式。

如何确保学生在疫情期间也能通过动手做来学习科学呢？首先要确保学生有学习的材料，“巧妇难为无米之炊”说的就是这个道理。如在高年级学生探究杠杆的秘密时，学生家中没有杠杆尺，科学老师就教学生利用六棱铅笔以及直尺作为杠杆尺，用一元硬币代替钩码放在直尺两边的刻度上，从而记录数据去发现杠杆省力的秘密。在教授低年级课本中认识物质的基本特征“谁轻谁重”一课时，学生家里没有天平，科学教师教会学生利用小木棍、细线、一次性塑料餐盘以及胶带做一个简易天平，用来比较不同物体的质量大小。所以，科学的学习不是只能通过专用的标准器材，科学教师和学生还可以一起树立“瓶瓶罐罐学科学”的理念，即利用生活中可得的一些常见的物品来“做科学”、学科学。

其次，在线上进行科学教学时，一定要留给学生动手做的时间。无论是微视频课还是线上直播课，一定要设置“暂停”，而这个“暂停”就是为了留给学生动手做的时间。不能只是教师做，学生看，或是教师做完，将结论直接抛出，学生课后再去做。如果学生没有做这一步，那么学生自己领悟发现的意义就缺失了许多。学生的许多探究也不再是探究，而成为一种验证，利用重复的步骤去验证教师的发现。

最后，在学生进行科学探究学习时，一定要加强互动。由于受到技术与空间的限制，教师关注不到每一个学生在家学习科学的即时状态，但科学教师可以采用多种形式来弥补这些缺憾。如用技术手段及时切换镜头，把学生在家动手操作的过程展示给全班孩子看，也可以让学生将学习成果，如数据记录、工程成果等，通过拍照的形式上传到学习平台上，并给予及时的评价与鼓励。学生受到关注、受到鼓舞，其学习科学的欲望、表现自我的情绪会更强烈，学习的效果也会更好。

四、关注思维，培养核心素养

从本质上来说，科学不仅仅是科学知识，而是拿证据说话。科学是一种方法、态度、观点，所以其核心是科学思维。科学史上大量的事实证明，没有正确的思维往往就没有科学上的新发现。没有分类法和归纳法，就没有门捷列夫的元素周期表；没有理想实验方法和演绎法，就没有爱因斯坦的相对论；没有模型方法，就没有原子世界微观结构的发现；没有类比和模拟法，就没有维纳的控制论。

从保护学生视力的角度出发，电子产品的使用时间不宜过长，所以一般的线上科学课的时长多为 20 分钟左右，而在这 20 分钟内要展示平时课堂 40 分钟的内容。内容可能被压缩，但是涉及科学思维培养的内容一定要充分展开。以自制简易净水器为例，教师让学生利用空的塑料瓶、棉花、细沙以及石子制作一个简易的过滤装置。过滤器里的三种材料——棉花、细沙、石子的摆放次序，教师并没有直接告诉学生，而是让学生思考哪个应该放在下面，哪个放在上面。学生结合“过滤的本质是将不溶解于水的一些固体颗粒分离出来”，从而思考过滤时应该先滤出大的颗粒，然后再滤出小的颗粒，所以缝隙大的石子应该在最上层，而棉花的缝隙最小，应该放在最下层。这样的学习就不是简单的动手做了，而是边做边思考。动手又动脑的探究才是真正的探究。

即使是没有典型探究的学习活动，在科学概念的获得上也要注重培养学生的思维。如在归纳动物的特征时，科学教师通过在线播放视频让学生观察各种各样的动物，从而归纳出动物的一些本质特征：动物自己会动，对刺激有反应，会吃东西也会排泄，会生小宝宝等。然后通过维恩图去比较动物与植物有什么共同点与不同点，培养学生分析、比较的思维能力，最后从一般再到个别，如探究机器狗是不是动物，培养学生利用特征来判别动物的能力，形成初步的演绎推理的能力。

五、课程整合，关注生命教育

学生居家学习期间，要进行各项课程的学习，课程整合可以更好地提升学生的综合素养，同时减轻学生的学业负担，提高学生学习科学的兴致。还是以“简易净水器”一课为例。课程一开始就从《鲁滨孙漂流记》这本名著说起，很多学生都读过这本书，该书主要讲述了一生志在遨游四海的主人公鲁滨孙·克鲁索，一次在去非洲航海的途中遇到风暴，只身漂流到一个无人的荒岛上，开始了一段与世隔绝的生活的故事。他凭着强韧的意志与不懈的努力，在荒岛上顽强地生存下来，经过 28 年 2 个月零 19 天后终于得以返回故乡。教学一开始，教师提出了问题，鲁滨孙漂流到荒岛上第一个要解决的便是饮用水的问题。可是海水不能喝，岛上也只有一个泥潭，里面全是浑浊的泥浆水，他该怎么办呢？孩子的头脑风暴至此开始。课的最后，教师让没有读过这本书的孩子利用居家学习期间好好地读读这本书，同时也和语文老师联系，告知学生近期在读这本书，语文课程也可以进行该书的整本书阅读教学。为了让学生更多地学习人在野外求生的技能，科学教师还推荐学生观看了一部电影《荒岛余生》。该电影讲述主人公被困在一座资源贫瘠的无人荒岛，当他失去现代生活的便利以及人与人之间的互动，求生成了唯一的目的，他的人生观反而逐渐有所转变，最后对于工作、感情，甚至生命本身都有了全新的体会和领悟。教师同时还推荐学生观看一些科教频道，学习人在极限环境下如何求生。这些已经突破了科学课的要求，将生活技能、对待生命的态度渗入教学之中。

2020 年 2 月 12 日，教育部办公厅、工业和信息化部办公厅两部委联合下发了《关于中小学延期开学期间“停课不停学”有关工作安排的通知》，其中有这么一条：要坚持国家课程学习与疫情防控知识学习相结合，注重加强爱国主义教育、生命教育和心理健康教育，鼓励学生锻炼身体、开展课外阅读。疫情期间，生命教育凸显出其重要性。生命教育不应是单独的一门课程，而应该在全体课程里都加强生命教育。作为科学教师，疫情期间如何加强科学课的生命教育呢？首先，应该让孩子了解一些基本的科学知识与一些必备的科学信息。新冠肺炎疫情期间，科学教师有责任以浅显的科学道理向学生说清楚什么是新型冠状病毒，疫情暴发期间学生应该如何做好防护等。教师可以让学生居家做一些观察生命、体验生命成长的活动，如可以让低年级学生将不食用的胡萝卜根、生菜根放在水中，采用水培法去培植，感受生命的顽强；可以让中年级学生饲养一只小动物：如蜗牛、乌龟、小鸡或小鸭等，与自然生命建立情感；可以让高年级学生培育孢子，观察孢子是如何成长为一棵菌菇的，感叹生命的神奇。所有的这一切都是居家进行生命教育很好的素材，科学教师可以指导学生用自然笔记的方式记录这些美好。

总的来说，疫情期间，学生的居家学习，教师的教学方式、教学手段、教学内容都发生了系列变化。在人工智能时代和大数据时代，教育适应了时代的发展，教学改革打开了一扇窗，这对于未来教育的发展有着重要的意义。但是我们从中也发现了许多的问题，在孩子们返校后，所有的教育人都应该静下心来好好地反思线上教学的得失，围绕立德树人的育人目标，更好地去推进课程改革、教学改革，更好地促进学生的全面发展与健康成长。

疫情防控期小学语文居家作业设计初探

□ 周静珠*

【摘　要】受疫情的影响，小学阶段的学生经历了两个月的网课学习。作业设计的有效性直接影响到学生的网课学习成效。笔者通过分析网络课堂学习的现状，思索居家作业设计的理念及其价值，在实践过程中形成了一系列小学语文居家作业设计的方法，力求在作业类型、分层设计、单元整合等方面有所创新，为今后的远程教学提供借鉴。

【关键词】作业设计；网课学习；小学语文

一、分析：网络课堂学习的现状

受突发的新冠肺炎疫情影响，小学开学时间延后，学生经历了两个月的网课学习。网课的开设保障了课程的有序进行，但仅仅依靠网课，无法保证学生语文学习的质量，问题主要体现于如下几个方面：

（一）网课听讲专注度无法即时监控

在上网课的过程中，教师无法关注到屏幕前学生的学习态度。而学生的课堂专注度，常常是网课质量的关键因素，直接影响到学习的成效。这是网络课程学习的一大弊端。

（二）网络课堂上，学生主体性发挥无法保证

网络课程依托电子设备，通常要考虑到课程实施的时效性。在规定的时间内，教师必须完成规定的教学任务。网络课堂无法留出大量的师生互动时间，教师多数情况下只能与个别学生互动，无法体现学生在课堂学习中的主体性。

* 作者系太仓市明德小学教师，小学二级教师

（三）缺乏分层设计，抑制个性化发展

学习是个性化的活动，每位学生的起点不同。教师应为学生提供适宜的学习方式，应当根据学生的特点分层安排教学活动以及作业设计。网络课程安排面向全体，缺乏弹性，主张以传授基础性知识为主，教师无法个性化地分层设计；而学生个体对于网课的消化能力也有差异，阻碍了学生的个性化发展。

（四）线上教学评价体系不够健全

关注学生的整体发展，离不开适当的评价。现阶段的网课学习，教师的评价仍以对作业的点评为主，缺少完整的评价体系构建。网课传授的教学评价，学生对网课效果的自评，以及计算机的客观评价等，都是线上教学评价体系重要的组成部分，而这些在网课学习中缺少体现。

二、思索：居家作业设计的认知

（一）居家作业设计的理念

《语文课程标准》指出："教师要精心设计作业，要有启发性，分类要适当，不要让学生机械抄写，以利于减轻学生负担。"作业设计要基于课堂教学，体现教学的重难点，是课堂学习的延伸。考虑线上教学的特殊性，在设计作业时要明确合理、精准、多元、分层的设计理念。

1. 强调合理

教学常常是多学科一同开展教学活动，因此，语文教师在设计作业时务必做到完成时间与难度的合理性。在设计时，要与其他学科教师商量，在作业时间上做好统筹规划。学生在单科教学上花费的作业时间要符合年段特点，作业的类型与难易程度也要与教学内容以及学生的学情相吻合。

2. 体现精准

网络课堂精致简短，需要学生在有限的时间内掌握学习内容。教师应当根据不同课时的侧重点，正确把握教学方向，领会教学的重难点，设计相应的题型，做到堂堂有亮点，课课不重叠，引导学生向高阶思维的要求迈进。

3. 注重多元

语文课程是一门学习语言运用的综合性实践课程。作业设计应当根植于教材，联系生活，提升学生的核心素养。教师在设计作业时，应当重视培养学生合作探究的能力，以教材为引子，引导学生联系生活实际，在真实的语言情境中发现问题，经过思考，解决问题。重视多学科的融合，激发学生思维的创造性。

4. 讲求分层

不同的学生在认知风格、学习能力、个性发展等方面存在差异，教师在设计作业时要进行分层指导，满足不同个体对于作业任务的需求，让每一名学生得到最优的发展。

（二）居家作业设计的价值

1. 体现作业设计的诊断功能

线上教学课堂上，教师以讲为主，学生以听为主。学生的课堂学习掌握情况在课上无法得到呈现，必须借助作业的形式来反馈。优秀的居家作业设计给学生一个课后复习的方向。可以根据作业质量来衡量学生的学习情况及教师教学的水平，为下一阶段的教学提供依据。

2. 促进核心素养的多维发展

语文居家作业设计应当遵循学生的身心发展规律，帮助学生树立正确的价值观，提升审美情趣和文化感受能力。作业素材应当从教材出发，拓展至生活，以小见大，促进学生核心素养的多维生长。比如在有关四季的课文学习中，教师可以引导学生在观看网络短视频的基础上画一画、说一说，来描述季节的特点和万物的变化；在学习政治人物传记的文章时，教师可以借机鼓励学生关注社会时事，在 QQ 群里分享国家大事，以培养学生的家国情怀；在学习科普小品文时，教师不妨让学生从观察一粒种子开始，每日拍摄记录种子的变化，尝试以日记的形式记录生命的精彩。

3. 优化作业结构的目标内涵

居家作业是网课的延伸与补充，是课程目标开发的重要组成部分。在设计语文居家作业时，教师不能脱离课时目标，单一地将其设定为独立的学习活动。小学语文居家作业应当包含对每一课时所涉及的书本重点语句的回顾，对字词句的运用，对直接经验的有效提炼。以课堂核心问题为线索，迁移拓展出新的有价值的思维点，进一步提升探究意识，将课程目标的内涵落到实处。

三、实践：居家作业设计的策略

（一）类型多样彰显趣味性

为了培养学生乐于探究、主动思考的习惯，教师应当提升学习的趣味性，作业设计的创新显得尤其重要。

1. 拓展阅读

阅读作业的设计旨在帮助学生积累更多的语文知识，习得必要的阅读技巧、方法，培养良好的课外阅读习惯。拓展阅读最好基于课内文本，在学生对课内文本的理解与感知基础上，尝试类文阅读或对文本原文的赏析，体会作品的遣词造句及丰厚人物形象，提升自己的语言理解力。在设计作业时，教师可以从教材的核心问题出发，利用朗诵、复述、概括、问答等形式考查学生阅读作业的完成情况，提升学生阅读的品质。

2. 问卷考查

阶段性的知识考查可以帮助教师了解学生的学习状况，并为今后的教学调整提供依据。在完成一个单元的课文学习之后，教师可以利用问卷星对学生进行一次网络考查。题型设计多样，可以是客观单选、多选题以及判断题，也可以是主观问答题。高科技的网络问卷不受时间、空间约束，提高了答题效率；人工智能批阅作业不仅准确度高，而且可以针对学生群体的答题情况即时做出客观的数据分析，班级得分率以及集体薄弱点一目了然。

3. 多维展示

在网课阶段，学生的作业展示丰富多样。在线提交作业，是手机、电脑都具备的功能，大大方便了教师的日常批阅。文字作业在线批阅可以清晰地注明错误之处，方便学生改正；视频的传送让朗诵表达更生动传神；语音信息让背诵、交流更便捷。教师还要丰富作业设计的多样性，可以鼓励学生运用信息技术来搜集资料、分享收获，比如制作思维导图以概括文本要素，利用美拍在生活中寻找语文元素，设计 PPT 以交流语文学习的经验，教师可以运用多维的展示活动来提升作业的灵动性。

4. 读写延伸

活化语文要素，就是要将静态的文本表达转变为学生的语用能力，提升学生的思维品质和探究能力。在语文教材中，有一些文质兼美的文章适宜引导学生拓展运用。教师不可将自我的认知强加于学生，而应当尊重其内在的感受，培养学生思维的批判性，在反思中提升言语品质。因此，在读写设计时，读的环节应尽量设计一些开放性的问题，给学生一个自由发挥的平台，写话指导时应鼓励学生有创意地表达，促进学生个性化发展。

（二）分层设计提倡人文性

1. 依据学情合理分层

立足于个体，才能发展好整体。居家作业设计应当建立在学生已有的认知经验基础上，高效地顺应每一位学生的发展需要。准确地预估学生个体的学情，可以帮助教师分层预设作业方案，有针对性地攻克教学中的难点，从而提升学生整体的语文学习能力。

以小学中年段语文预习作业为例。对能力相对弱一些的学生要求是读通课文，查找课后生字词，标注课文自然段。起点在中段的学生要求是读通课文，复述课文大意，以单元学习内容为参考，初步感知本课与其他课文的写作异同处。对起点定位较高的学生要求是流利朗读课文并分享音频在班级 QQ 群，概括大意，通过搜集资料查阅相同体裁、相同主题的文本进行阅读，以思维导图等方式进行展示。这样的分层设计，给不同起点的学生提出了不同的学习要求，激发了学生的求知欲望。

2. 小组合作灵动分层

小组合作学习是优化作业设计的创新思路。在设计作业前，教师要了解学生的兴趣、学习习惯以及学习方式，根据学生的实际情况进行分组，帮助学生建立“组内互补，人人参与”的伙伴关系。根据每一课时的学习任务，教师制定研究型导学单，由小组协商，根据学生特长分配具体任务。组内成员的任务分工建立在学生的兴趣、特长上，并充分考虑个人的实际能力。

以二年级下册“当世界年纪还小的时候”一课为例，在保证小组成员读熟课文的基础上，小组成员建立一个独立的对话群。小组安排擅长朗读的学生 A 作为小老师，以视频或音频的方式就文中的长难句做朗诵指导；学生 B 在熟悉文本的前提下，以“太阳也试过做别的事，但都没成功，譬如说________________________，结果____________________”作为思考点，完成句子练习，并以文字的形式在组内分享；喜欢科学的学生 C 紧扣“自由生长”这个短语，选取一种动物或植物，以思维导图或短视频的形式展示它是如何自由生长的；爱好阅读的学生 D 来介绍作者于尔克•舒比格，以及对《当世界年纪还小的时候》的整本书进行阅读推荐。优秀的小组学习成果以资料包的形式推广至全班共享。小组合作形式的分层作业既提升了学生的作业热情，又强化了学生的团队合作意识；既减轻了学生个体的学业负担，又提升了学习成果的质量。

3. 因地制宜分层体验

在疫情下的网课学习中，由于每个家庭的环境不同，学生的学习设备及资源也不同。学生个体在学习过程中采用的电子设备的种类差异较大，有手机、电脑、平板、电视等等。因地制宜地设计分层作业，是对每个家庭的尊重，是每个学生健康成长的保障。教师在设计作业时，要依据学生的家庭情况做调整。具备电脑的家庭，学生的作业可以设计为以 PPT 或思维导图的形式总结学习成果；具备手机、平板的家庭，学生的作业可以设计为以视频、音频、照片等形式的展示；电子设备欠缺的家庭，尽量以传统书面作业为主，复课后上交任课老师。网课阶段，教师应定期联系该类学生、督促其完成作业。

（三）单元整合体现系统性

1. 整体规划

部编版小学语文教材从中年段起，每个单元都有鲜明的语文要素，以阅读和表达的形式统领整个单元的教学活动。居家作业设计要体现一个单元的框架目标，子目标要清晰地落实到每一课时的具体练习中，做到均衡、合理、准确地体现单元语文要素，避免在设计中出现交叉重复或自相矛盾的现象。

以部编版小学语文四年级下册第一单元为例。整个单元以“田园生活”为主题，单元目标定位在赏析自然风光的同时，抓住关键语句，使学生初步体会课文表达的思想感情。设计单元作业时，教师可以围绕“赏析、拓展、模仿”的作业框架，逐步提高难度，使课与课之间的任务分工明确，层次递进，联系紧密。

2. 突出重点

居家作业要关注题型分布的合理性，突显本单元的核心语文要素。学生居家作业的题型设计，通常可以分为常规题与单元重点练习题。常规题主要是围绕小学语文学科中的基础性知识进行设计，这样的练习通常渗透于整个学期的教学活动中；单元重点练习题主要围绕单元学习重点目标进行设计，这样的专项练习需要对整个单元做深度剖析，挖掘单元内每篇课文有共性的关键信息。

以二年级下册第三单元为例，本单元是围绕“传统文化”展开教学的识字单元，识字应当作为单元训练的重点，作业设计中可以考虑以传统文化为语境，训练学生的识字能力。

3. 勾连对照

主题式的单元学习，就是要透过共性的表象赏析个性的表达。教师在设计居家作业时，要体现出语文课本中的语文要素，强化同单元作业中语文要素的关联，协力提升作业设计的质量。

以三年级下册第一单元为例，整个单元的课文以“亲近自然”为主题，赏析相同元素的不同写法。作业设计中可以以季节、物种为划分，便于学生梳理单元脉络，利于学生系统性地整理单元语文要素。

描写季节特点的课文：

季节	对应文本
春天	《绝句》《惠崇春江晚景》《燕子》
夏天	《三衢道中》《荷花》

描述具体物种的课文：

种类	对应文本
动物	《燕子》《昆虫备忘录》
植物	《荷花》

疫情期间，小学语文课堂居家作业开创了一种新型的学习方式，让作业与课堂的融合更加紧密。在特殊时期，居家作业的设计保证了网课教学的质量。教师在设计居家作业的过程中，提升了自身的作业管理能力，也推动了学生在时间管理、合作探究等方面的发展。在信息化教育时代，居家作业的设计必将成为一种研究的趋势。

参考文献

[1] 莫乃武．浅谈语文作业设计改善策略 [J]．小学教学参考，2020(12):15.
[2] 陈新科．网络环境下小学语文课堂作业的实施与评价 [J]．教育信息技术，2016(22):55-58.
[3] 马凌智．小学语文家庭作业个性化设计的策略 [J]．科学咨询（科技·管理），2020(04):225.
[4] 蒋宜兴．小学语文作业设计的创新性思考 [J]．甘肃教育．2020(04)，64.
[5] 宋荣．小学语文作业设计的现状及改进策略 [J]．甘肃教育．2020（05）:129.

疫情防控期间高中生居家英语学习情况研究

□ 苏 烨*

【摘 要】信息化是当今时代的重要特征，也是实现现代化的必要途径。新冠肺炎疫情期间，线上教育打破了地域局限，改变了学生的学习方式。本文就高中生在疫情防控期间的居家英语学习情况展开调查分析，研究发现学生们的学习效果随着学习环境、时间、内容、方式、心理等的变化而变化。为了提高高中生居家线上学习的效率，改善其学习效果，本文从课程安排、教学内容设置、心理氛围创建等角度提出了建议，旨在培养教师利用信息化技术的能力，提高教学水平，从而为学生创设一个更宜学的线上学习环境。

【关键词】疫情；居家学习；高中英语

信息化是当今时代的重要特征，也是实现现代化的必要途径。当前教育改革正向纵深推进，现代信息技术与教育深度融合。2020 年初，突如其来的疫情打乱了人们的生活节奏，全民居家以防止病毒传播。昆山市各高中按照“离校不离教，停课不停学”的工作原则，科学制订学习计划，依托昆山名师空中课堂，努力保障学生疫情期间的学习需求，为广大学子提供便捷、优质的线上教学服务。这一举措大大加强了信息技术与教育的深度融合。

然而，由于不同学科的学科特色，教师的线上教学和学生的线上学习暴露出不少问题。就英语学科而言，学生的学习需要进行大量的听、读，但线上学习的学习条件在很

* 作者系江苏省昆山中学团委副书记，中小学一级教师

大程度上限制了这方面的练习。在如火如荼开展线上教学的过程中，我们怎样才能保证教学质量，保证学生的学习效果？如何确保在线教学形式不跑偏、不走样？在回答这些问题时，我们需要了解学生居家学习的情况，有针对性地对教师的线上教学、学生的线上学习做出修正，从而提高教学质量和学习效果，并为今后的线上教学和学习提供值得借鉴的参考。

一、学生对居家学习的反馈

学生对于居家学习的总体满意度较高。绝大多数学生认为在不能到校学习的情况下，进行网络学习是个好方式。但就线上学习所依托的网络和学习平台而言，有学生反映，线上学习网络易崩溃，且有设备难操作、学习资源混乱、和老师的互动过少等问题。

从疫情后的开学测试结果来看，学生的居家学习效果不容乐观。英语学习方面，考试结果暴露出很多学生连最基础的单词拼写都有问题。除了拼写这一方面呈现比较明显的退步之外，学生们在长时间没有进行限时训练的情况下，听力、阅读理解、写作能力也在一定程度上有所下降。

二、影响学生学习效果的因素

“停课不停学”的举措打破了时间、空间的限制，在一定程度上优化了教学资源，但为什么从考试结果来看，线上教学的效果并非像大家预期的那样令人满意？在对学生进行深入的调查研究之后，笔者发现疫情期间学生的学习环境、时间、内容、方式、心理、管理等方面都对其学习效果产生了影响。

（一）学习环境

学生在校学习时，学校管理大多采用的是由夸美纽斯提出的班级授课制。班级授课制以“课”为教学活动单元，能保证学习活动循序渐进，有利于学生获得系统的科学知识，并有利于教师进行教学管理和教学检查。然而，受疫情的影响，居家时期学生的学习在他们再熟悉不过的书房、卧室里进行。与原本紧张的集体学习氛围相比，家庭氛围轻松、愉快。学生们在这样舒适、放松的环境下上课，学习变得比较随意，学习效率大大降低。就英语学习而言，在平常的英语课堂上，学生总有机会开口练习口语，然而在线上英语教学课堂中，老师们大多是进行单方面的知识点讲解，学生如有疑问，也只能依靠打字在交流区里提出。学生没有机会开口说，也很难得到老师的反馈，这不利于学生英语综合能力的发展。

（二）学习时间

在校学习时，学生的学习是在老师的组织下，根据学校的作息安排表统一进行的。在课堂上，他们会受到课堂纪律的约束，做一些与课堂学习内容无关的事情的可能性比较小，因而学生在校的学习时间是集中、连续的。然而，学生居家进行线上学习时，纪律意识比较淡薄，他们可以随时喝水、吃东西、上厕所等，这使得原本连续的网上学习时间变得非常零碎。分散的学习时间让学生们的学习思维缺乏连续性，学习节奏变得非常缓慢，学习效果也大打折扣。例如，英语的阅读理解需要学生们在一个限定的时间内完成四篇练习，在校时学生们可以利用自习课进行高效的训练。然而很多同学反馈，在家学习时他们很难集中注意力，做完一篇阅读就分心。这样用七拼八凑的时间完成的阅读训练很难达到其应有的效果。

（三）学习内容

在校时，音乐、美术、体育、校本等课程丰富了学生们的学习内容，也往往是他们一天中最期待的课程。但受疫情和在线教学条件的影响，学生的线上学习大多围绕着文化课程展开，学习内容相对以前变得有些单一。令人惊喜的是，在疫情期间，空中课堂也给学生们安排了心理课程和班会课程，指导学生们保持乐观的心态，科学面对疫情，积极应对困难，受到了学生、家长的一致好评。线上的英语课程则围绕着书本内容开展，与学生在校时的所学内容相一致。但从英语的“听、说、读、写”技能学习来看，学生的线上英语学习缺少了平时的听力和口语训练。此外，英语学习中知识点的掌握需要在练习中完成，但线上学习使得学生回家作业的讲解不能够及时、有针对性地展开。

（四）学习方式

在学习过程中，有些人善于通过读或看来学习，有些人善于通过听来学习，有些人善于通过做来学习，还有些人最善于对概念性的材料进行分类、组织和比较。在校的英语课堂上，学生们会有听录音、看视频、齐声朗读等多元化的学习方式，给他们带来了多种学习体验，这有助于其听觉通道、触觉通道等多种学习通道的打开。与在校期间学生们所接受的师生互动、同伴互助、面批作业等学习方式不同，收看直播课、自主完成作业成为学生们居家学习时最基本的学习方式。这种学习方式比较单一，不利于学生学习通道的打开。

（五）学习心理

在疫情影响下，学生们会产生恐慌、焦虑、愤怒和烦躁等各种不良情绪，这是人在特殊情况下的正常心理反应，是机体自我保护的体现。在刚接触线上学习时，绝大多数学生对其抱有好奇的心理，上线率、认真度都比较高。但随着开学日期的一次又一次推迟，线上教学对同学们的学习心理造成了很大的影响。不少同学出现了消极倦怠的情绪，上课时只是账号在线，心思早已掉线。他们对待课后作业更是敷衍了事，出现了不交作业、网上查答案、抄作业的情况。当然，也有部分同学因为线上教学节奏比较快、师生互动反馈少、问题越积越多得不到有效解决从而产生了自卑的心理。这类学生往往会担心其他同学居家学习时比他们认真努力，自己远远落后于他人，他们觉得开学时自己怎么也弥补不了落下的课程，从而产生了焦虑情绪。

（六）学习管理

在校时，班主任、任课教师、班干部等都是学生学习的外在监督力量。学校通过多种监督方式协同作用来有效管理学生的学习行为，使之不偏离学习目标。然而，在学生居家学习期间，家长们虽然会提醒学生关注学习目标，但他们不一定能有效地监控学生的学习行为；教师在直播时更多的是在展示学习内容，师生互动少，也不能有效地监控学生。线上学习要求学生有较高的自我调控能力，从外控走向自控。

三、关于居家学习的思考和建议

首先，从线上教学的课程安排来看，受时空、网络、近视防控等因素的影响，线上教学不应该把学生们每天的时间排得满满的，要留给学生一定的硬件准备、知识梳理、思考和活动的时间。在课程设置上，可以将教学内容与防控防疫、生命教育紧密结合起来，帮助学生形成珍爱生命、尊重生命、敬畏生命的意识。与此同时，可以适当、适时地安排音、体、美和综合实践等学科的教学活动。这样做一方面是基于学生全面发展的需要，另一方面也有利于学生避免因线上教学时间过长而对身体特别是视力造成损害。

其次，线上教学内容的选择应考虑到“线上”的实际，教师在备课时可以根据教材进行适当的取舍和加工，适当地降低难度。在授课时，教师要把握好教学节奏，循序渐进、由浅入深，利用多种教学手段、丰富的互联网资源激发起学生的学习兴趣。此外，教师还要根据学生的学习情况随时调整进度，切忌“满堂灌”、赶进度。就课后作业的布置而言，适当的作业不仅可以巩固和检验线上教学活动的成果，也可以有效地激发学生继续进行线上学习的信心。教师可积极应用不同互联网学习平台的各种功能和小程序，本着方便、高效的原则布置课后作业。客观性作业可采用平台自动批阅，随后通过平台提供正确的答案，实现学生的自我评价；主观性作业可通过学生拍照上传，再由教师批阅或师生线上交流讨论、互评互学等方式展开。在课外，教师要引导学生利用线上学习的优势，如利用班级群向老师和同学请教，解决学习上遇到的困难。

此外，教师要向学生提出明确的学习目标，布置难度适当、有趣味性的学习任务，并及时给学生提供学习反馈。所谓明确就是要向学生说明具体学什么，要达到什么标准。例如，在学习完英语模块七第一单元的词汇时，教师可以向学生布置“整理词汇笔记，根据默写纸默写单词并自我批改订正”的任务。这种任务目标与“系统地复习单词”相比，对学生的学习更具有指引作用。所谓难度适当，就是给学生布置的学习任务有一定难度但学生仍然可以完成，没有难度的任务会降低学生的学习兴趣，而难度过大则会打击学生的学习积极性。教师还可以利用学科特点，有针对性地结合疫情，给学生布置有趣味性的作业。例如英语老师可以利用“英语趣配音”等 App，让学生们为疫情相关的视频配音。这不仅能够锻炼学生的口语，更能够让学生了解时事，培养学生的爱国情怀。

教师反馈也是学生学习过程中一个很重要的环节。教师进行反馈时可以利用线上平台，将标记为“优秀”的作业分享到班级群内供全体学生学习，最后再公布详细答案。如还有同学有疑难，任课教师可以再进行个别在线辅导。在辅导时，教师要注意引导学生先进行自我理解，由此来发现学生理解不当或不充分之处，继而可以明确指导方向。接下来教师可以为学生提供一个理解支架，从一个简单的步骤开始，按照小步子原则，一步步把学生的理解引向深处，直至学生完全解决自己的困难。这样的作业反馈辅导运转方式能帮助学生有效达成作业的目标，有效促进学生的学习。

最后，教师要给学生营造一种积极的心理氛围。学生们在居家线上学习期间，失去了与老师和同学面对面互动的机会，不能像以往那样得到老师和同伴的心理支持。因此教师们要全力打造一个跨越时空的线上交流平台，如建立班级 QQ 群、微信群。这样做一方面可以向学生普及疫情防疫知识、提供学习支持，另一方面可以让学生们分享自己的生活和学习经验，相互提供一些克服紧张、焦虑的方法，从而在网上形成一个团结活泼、积极向上的在线班级，让学生们切实感受到“停课不停学，我们一起在努力”的氛围。

四、结语

线上教学既是抗击疫情形势下教育系统的积极应对之举，也是实现普通高中育人和教学方式转型的重要契机。通过这次线上教学，教师应深刻意识到在今后的教学中，要逐渐摒弃“教师讲、学生听”的单一教学模式，鼓励学生通过自主学习、交流讨论等方式掌握知识，并将知识应用到实际生活中。同时，教师更应该意识到提升自我信息素养是每个教师应追求的目标，也是实现教育信息化的关键。我们应该熟练运用信息工具，不断提升信息技术与课程整合的能力，加强对信息教学的应用，提高自己的教学质量，进而提升学生的学习效果。

参考文献：

[1] 李海涛．高职学生信息化学习现状以及问题的调查报告 [J]. 湖北函授大学学报，2017, 30(08): 115-116.

[2] 张耀宏．城市化背景下西北农村教育信息化发展对策探究 [J]. 中国信息化，2018(06): 73-75.

[3] 王立华．居家学习的“变”与“不变”——疫情期间，如何提升学生居家学习的效率 [J]. 华夏教师，2020(04): 2-3.

后疫情时代线上教育与线下教育的融合发展探究

——育人为本，智能创新

□ 顾妤晨*

【摘 要】在学生回归真实课堂的后疫情时期，原先引起广泛讨论，并被普通使用的线上教育是否会回归原点？笔者认为，在互联网飞速发展的全媒体时代，基于教育需要“面向每个人，适合每个人”的发展要求，线上教育具有其得天独厚的优势。笔者相信，在经过自我完善与成长之后，线上教育可以与线下教育进行融合再造，从而形成新型的教育模式。而教师作为教学活动中传授知识的一方，更应该主动去适应并且传播这样新兴的教育模式，以达到育人为本的教学目标。

【关键词】后疫情时期；线上教育；线下教育；育人为本

2020年初，一场突如其来的疫情打乱了学校正常的开学节奏，复课时间一再延后。“这学期的教学该如何进行？”我相信这是藏在所有教育工作者和家长的心头的疑问。好在疫情伊始，教育部就提出了“停课不停学”的要求，面对师生教学时空、教学行为完全物理隔离的现实问题，各地教育局也积极调动教育资源，提供尽可能多的途径和方式让教师可以线上授课，让学生可以居家学习。自此，线上教育大面积地出现于大众视野中，引起广泛讨论。

而当疫情逐渐平稳，孩子们再次回到真实课堂，线上教育是会回归原点，还是可以

* 作者系苏州工业园区景城学校语文教师，中小学二级教师

抓住这次机遇不断发展，蓬勃向上呢？

一、“云课堂”与真实课堂

在此以前，虽然也曾在假期中开展过不少“云课堂”，但是由于受众面小、学生学习反馈不及时等因素，仍有许多教师、学生在教与学中更依赖于一贯的班级集体授课制，因为这种模式更直接、高效，师生能够做到面对面进行交流、对答，也更能产生思维的碰撞。反之，在传统印象中，线上课程——诸如微课、直播等形式——由于欠缺真实学情，没法做到从学生当下学习情况出发，教师大多只能程序化地讲解教材内容。在大众的印象中，线上教学一直是标准化的、机械死板的，缺少课堂中最重要的师生间的沟通。

事实上，真实课堂也不能做到尽善尽美。一堂课的时间是有限的，教师的精力也是有限的，而集体授课制又决定了学校里一对多——四十乃至五十——的师生授课与学习模式。在真实课堂中，教师虽然能够知道班级的学情，但针对的可能也只是大多数学生，总有一小部分学生，或无法跟上课程进度，或适合更提高性的课程。因此，从这个方面进行考虑，看上去更应被优先选择的真实课堂可能并不能真正做到以每一位学生为本，将教学落实到每一位学生身上。

目前的学习教育仍处在工业时代的教育背景下，在最终目标是高考的教育模式中，这样的教育体系有三大特点：统一化、集中化、标准化。其目的是大规模培养标准化的专业人才。但是随着经济和时代的飞速发展，社会对于“人”本身的关注和思考愈发增多，党的十九届四中全会《决定》就指出：“发挥网络教育和人工智能优势，创新教育和学习方式，加快发展面向每个人、适合每个人、更加开放灵活的教育体系，建设学习型社会。”本着育人为本的教育思想，许多教育者也开始寻求更多的出路，线上教育就是其中极具有发展前景的一个。

二、线上教育的转型

这里论述的“线上教育”不再是简单地将线下教育移到线上。如果线上教育仅仅是线下教育的翻版，那也只能起到像这次疫情中线上课程初期那样临时替代或者补充的作用，而忽视了其本身存在的独特的优势——存在于互联网中的线上教育最大的优势就是互联互通，这令它拥有线下教育无可比拟的优越性。

在学校中，学生自主学习的途径可能是教科书和图书馆，而互联网上的内容可以说更广阔。只要运用恰当，学生的知识接触面会越来越广，思维也会越来越活跃和开放。除此之外，考虑到在现实课堂中存在的交流局限，这样的困境是可以很好地在线上教育中得到解决的，后者能够无限放大人群沟通的空间，面向任何人。如果能充分利用好这种联系和交流，将对学生的思维发展和知识建构起到至关重要的作用。

在现如今的经济社会发展背景下，未来教育必然是构建在互联网上的新教育，信息化支撑下的新兴教育生态必将形成。因此，针对线上教育曾经存在的弊端，即忽略学生个体差异性、缺少师生交流等，趁着这次大规模开展线上教育的机会，完全有可能得到解决，最终实现线上教育的转型和升级，为提供可选择的教育创造可能，为大规模的个性化教育探索未来。

据此，我提出了线上教育转型发展过程中几个可能的方向：

（一）难度自主选择

如果一个班级在一次考试中出现了十个一百分，是否说明这十位同学的学习能力和水平是一样的？当然不是，因为一百分已经封顶，他们同为一百分而无法显现出其中差别。甚至可以这样说，这十位同为一百分的同学之间的差距，很有可能比一百分和零分之间的差距还要大。因此，线上教育可以在同一时间内提供不同难度的教学，为学生自由选择学习难度创造条件，帮助学生获得更有可能性的发展。

（二）呈现方式自主选择

在教学中，我时常发现这样一个问题：有的学生阅读文字的时候学习能力强，有的学生观察图画的时候学习能力强，还有的学生在听老师讲解的时候学习能力强，等等。不同的认知风格与不同教学风格的教师实际上是有一种天然适配的。在现实课堂中，一个班级一个学科一个教师，可能只有部分学生是适配这种教学方式的，但是线上教育就有可能让学生选择不同的教学风格，增大学生与老师的适配性。

（三）交流方式自主

一个班级中的学生个体差异性很大，这也不光体现在学习能力方面，更体现在性格方面。有的学生内向，有的学生外向；有的喜欢领导，有的喜欢服从；有的善于批判思辨，有的倾向求同认可。不同的学生在一起进行交流讨论，会产生完全不同的化学反应，可以互相激发优点，弥补不足。目前的班级授课制环境中，学生很难做到多样化的、多种可能性的交流。但线上教育就能够很轻松地组织讨论，每个学生都能尝试在不同的“社区”中找到自己适合的位置，得到更好的发展空间。

三、线上教育与线下教育的融合

新型的在线教育不是传统教学的“网上复现”，也不是原来的“空中课堂”，而是更加尊重不同学段、不同年级、不同学生的学习规律，尊重学生的认知规律，培养学生自主管理能力，以育人为本，争取做到最大程度的“一生一课”，形成有针对性的新型教育方式。

在疫情的催化下，教育行业也应当立足于全媒体时代，切实可行地推动线上与线下的融合发展，把握好传统教育模式和新兴教育模式之间的联系。

同时，线上教育的发展一定会对传统教育造成一定程度的影响，但这是挑战也是机遇，为老师提供了更广阔的舞台，当然也提出了改革的要求。教师作为教学活动中传授知识的一方，更应该主动去适应并且传播这样新兴的教育模式，积极采用便捷的多媒体工具，与受教育的一方共同体验多样的授课环境。在课堂上，利用信息技术推进课堂环节，使抽象的知识具象化、直观化；课外，给学生提供多样化的线上自主学习平台和方案，积极开发适用于不同学情的小众课件；在生活中，也可以凭借互联网的优势，将评价机制从学校延伸到校外，培养有道德、有理想、有文化、有纪律的高素质人才。

如果我们能够把线上和线下教育有效融合，形成新型的教育模式，教学一定会呈现出一个崭新的局面。我相信，这种新兴教育模式在不久的未来一定会得到完善和推广。可以预见，在竞争日益加剧的现代化培训模式之下，线上与线下教育必定会成为教育行业两根强有力的支柱。而在互联网不断发展的时代，本着让教育“面向每个人，适合每个人”的目标，线上教育和线下教育的融合一定是必然结果。

参考文献

[1] 王竹立．后疫情时代，教育应如何转型？[J]．电化教育研究，41(04):12-20.

[2] 张玮，马小珂．疫情下的加速转型：在线教育迎来蓬勃生机[J]．陕西社会主义学院学报．2020(02):50-55

疫情环境下，让幼儿居家学习“活”起来

□ 江　芳*

【摘　要】2020年初，新冠疫情突然出现，紧随“停课不停学”工作部署，幼儿居家学习成为一种新型的学习潮流，而学习环境、教学方式、师幼关系等方面都在悄然发生改变，课程的设计与实施面临新的挑战和机遇。本文将结合实践操作，从“贴合生活，关注经验，多元探究在发生”“适宜推进，‘云’上连线，自主学习见发展”“家园合力，‘疫’路有爱，成功体验再发力”等方面进行分享，阐述如何让幼儿的居家学习真正“活”起来。

【关键词】疫情；幼儿；居家学习；课程

陶行知先生提出“生活即教育”。居家学习课程便是从孩子中来，到孩子中去。居家学习课程设计离不开“校情”“生情”和“师情”，从实际情况出发设计学生“学什么”“怎么学”“学得怎样”。每一个学生都是具体的，需要爱孩子，尊重孩子，发现和培养孩子的兴趣。

一、贴合生活，关注经验，多元探究在发生

在课程设计之前，需要厘清居家学习与园所学习的差别，明确居家学习的内涵。居家学习课程需要“寻求科学与人文的整合，提供更广阔的教学试域，不再限于教材内容，把学生知识基础和兴趣动机调动起来，引导学生独立思考、积极合作，增加学生对教学活动的参与和表达欲望”。

* 作者系张家港市南沙幼儿园教科组组长，二级教师

（一）抱团前行，蓄力学习

园所通过举行年级组长会议、召集骨干教师等多种方式架构课程总体框架，结合现有的资源，形成具有可操作性的课程实施建议，从德、智、体、美等方面开启学习指导，推出了居家所乐之创意手工、动感地带、故事乐园、亲子游戏、佳片有约等学习模块。在疫情期间不能面对面，只能屏对屏教学的情况下，针对老师们各有特长的优势，采用了每期三人抱团轮换制，取长补短，一同探索、交流，为幼儿更好地学习添砖加瓦。

（二）捕捉契机，支持儿童

要切实发挥课程作用，离不开每个老师结合班级实际情况（如年龄特点、兴趣点等）进行内容选择，以敏锐的察觉力选用最适宜的方式，依托网络进行更科学合理的班级线上授课。每个儿童都是独立的个体，他们在主动地与环境发生交互作用的过程中获得经验，因而教师设计课程时要注意兼顾生活性、情境性和开放性。根据教学目标，选用、制作、整合出易用、适用的教学资源。尽量选用已有的优质资源，有特定需要的再自己制作资源，制作的资源要小而精。如在小班“自我保护”主题活动中，教师从幼儿角度出发，结合疫情形势，研发了科学“学洗手”、美术“特别的口罩”、健康“乘公共汽车”、社会“我身边的英雄”等不同领域的课程，同时调动幼儿听、说、看、画等多种能力，支持幼儿体验真实的生活成长过程。

二、适宜推进，“云”上连线，自主学习见发展

疫情时的居家学习是一份生动又深刻的课程资源。“停课不停学”要求教师强化居家学习指导，帮助学生科学制订居家学习计划，合理选择资源，注重培养学生的自主学习能力。

（一）智享网络，稳中求进

学生具有个性特征和学习需求的差异性，单凭某一位教师难以顾及每位学生。要解决此问题，教育工作者必须通力合作、群策群力。园内组织全体教师进行“云”上教研，各年级组召集老师，通过学习强国、腾讯视频会议开展不同阶段的课程主题审议，多次“云”沟通，在彼此的智慧碰撞中发现、调整、收获。

当然，班内线上集体活动授课和园内公众号运营过程中，也会考虑到孩子不同年龄段本身的特点及身心发展规律，关注不同能力层次的幼儿。如在创意手工“好玩的蔬菜拓印”一课中，除了展示直观的作画步骤图外，还配了剪辑过的集图、文、声于一体的简化视频，同时鼓励中大班孩子发挥自己想象力，自由创作有趣的蔬菜拓印画，引导孩子学会举一反三，在感知、探索、体验、内化中提升自己能力，将习得的经验在班级群中和同伴、老师一起分享互动，双向反馈，提高孩子的学习积极性和兴趣。

（二）追随儿童，且行且思

虽然延期开学，但孩子们熟悉的妇女节、阅读节、植树节、世界水日、清明节、世界地球日等节日如约而至。年级组内再次借助网络“云”沟通平台，各抒己见，及时调整预设的活动方案，老师们视频连线孩子、家长，了解他们的需要和真实想法。活动中，孩子们通过网络听抗击疫情牺牲的逆行者和革命先烈的故事等，培养了爱国情怀，纷纷向在疫情中牺牲的逆行者致敬。同时，为了鼓励孩子们宅家多读书，读好书，丰富孩子居家学习的知识面，教师根据幼儿不同年龄特点，与家长、孩子线上共同探讨，推出了多层次、多元化的阅读节活动。有家长故事会、书橱大调查、分类整理图书、“我的读书计划”、绘本故事创编《春节遇到新冠病毒》《走开！冠小毒！》等，让孩子们真正“宅”有“所得”，“阅”而“有趣”。

孩子们对怎么选口罩、如何使用口罩、病毒长什么样、回家乡后怎么隔离等问题很感兴趣。跟随孩子的发展需要，一系列特别微课程也新鲜出炉，如微课程“外出，你戴口罩了吗？”。在课程中，孩子们通过讨论、观察、探索，利用数字、图案、颜色等标记，灵活运用数学活动中一一对应的方法，成功解决生活中拿错口罩的问题，又一次充分诠释了陶行知先生“活教育”的先进理念。

三、家园合力，“疫”路有爱，成功体验再发力

（一）特殊时期，特殊陪伴

父母是孩子人生中第一任启蒙老师，在特殊时期给予孩子特殊陪伴，陪同孩子一起学习。有专家曾指出，由于幼儿通过模仿榜样比通过听从大人告诫学得更多，所以我们可以给他们提供好的典范，来教给他们更多的东西，幼儿会热切地模仿有道德的人的行为。不难看出，榜样在幼儿成长过程中起到重要的作用。为此，学校采用“线上＋线下”“思考＋体验”等多维结合的方式，让家长积极参与到课程和活动的建设中来。除了陪伴孩子线上居家学习之外，父母还可以择取热点和孩子一起聊聊、讲讲、做做，如以“逆行者”为切入口，引导孩子了解疫情中出现的不同身份的人和他们的行为，如钟南山爷爷，李兰娟奶奶，各地支援湖北的医务人员、志愿者等等，鼓励他们通过自己的行动（手工、《谢谢你听我说》手势舞、歌曲等）为武汉加油，为中国加油。在学习过程中，孩子自然会萌发感恩、敬佩之心，会模仿榜样的善举，从而实现“从我做起，从现在做起”这一目标。通过有效的多边互动，发挥家园共育的力量，真正做到家庭教育策略的价值性引领，促进孩子身心健康、和谐发展。

（二）发挥优势，别样体验

随着疫情逐渐好转，爸爸妈妈开始复工，幼儿大多由祖辈照顾。通过“云”家访、班级群调查了解到，大部分孩子和爷爷奶奶在家以看电视、玩电子游戏等为主。结合家长困扰，老师们就如何利用群体资源让祖孙居家学习生活更有乐趣进行了头脑风暴。的确，爷爷奶奶历经的时代不同，阅历和自身特长也会有所不同。而他们所熟悉的民间游戏等能给孩子带来不一样的学习体验。如用方言来唱诵童谣，能使幼儿感受方言与普通话的不同之处；好玩的“跳房子”游戏让幼儿在和老人“跳房子”中锻炼身体的平衡性；在老人的带领下种花、种菜，体验劳动……孩子们在学学、说说、做做中获得了新经验，同时将学习成果在群内进行分享，互相反馈，达到资源的有效共享。以点带面，不仅增进了祖孙的亲情，还让幼儿体验到了获得成功后的喜悦，调动了孩子参与学习、游戏、生活的积极性。

“停课不停教、停课不停学”，以网络云端为居家学习的一种载体，不仅是教育进入高科技信息时代的一次预演，还是为孩子步入社会学习前的一次彩排。

参考文献

[1] 顾明远．再谈苏霍姆林斯基教育思想在中国的传播及现实意义——办好每一所学校，教好每一位学生 [J]．比较教育研究，2010（3）：1:4.

[2] 李森．现代教学论纲要 [M]．北京：人民教育出版社，2005:161.

[3] 宋灵青，许林，李雅瑄．精准在线教学 + 居家学习模式：疫情时期学生学习质量提升的途径 [J]．中国电化教育，2020（03）：114-122

[4] 教育部．教育部有关负责人就中小学延期开学“停课不停学”有关问题答记者问 [DB/OL]．http://www.moe.gov.cn/jyb _ xwfb/s271/202002/t20200211 _ 420109.html,2020-02-11.

[5] 祝智庭，彭红超．全媒体学习生态：应对大规模疫情时期上学难题的实用解方 [J]．中国电化教育，2020，（3）：1-6.

“疫”+“E”，我们这样“云”互动

□ 张　欢*

【摘　要】2020 年春节，一场疫情让我们的生活发生了巨大的变化。居家防疫，让原本短暂的寒假变得漫长，如何让幼儿的宅家生活变得丰富且有意义呢？本文立足于教育信息化的功能，就“互联网 +”时代下，如何化危机为契机，不断丰富网络教育内容，对高质量“云”互动的方式进行探究，以拓展教育新模式。

【关键词】疫情；幼儿生活；“云”互动

互联网在日常的教学中已经在发挥必不可少的辅助作用。生动有趣的画面能充分激发幼儿的兴趣，丰富的互动功能可以调动幼儿参与的积极性。因为疫情原因，学校停课，中小学相继推出了“停课不停学”线上教学模式，如何在线上和幼儿园的小朋友进行有效互动，让他们的宅家生活变得更丰富、更有意义呢？笔者做了以下尝试。

一、“云”上课程，别样精彩

（一）利用庞大的素材库进行素材推荐

疫情暴发，对于幼儿来说可能更多的是不知所措：为什么爸爸妈妈不去上班了？为什么这个假期都不能出去玩？为什么大家都戴着口罩出门？……一系列的问题都困扰着孩子。我想这正好可以生成一个“了解病毒”的主题活动，为此我利用丰富的网络资源，从幼师口袋、小红书、抖音等 App 中搜集了很多相关素材，如：绘本故事《走开！冠小毒》《写给孩子的新型冠状病毒科普绘本》《不一样的新年》《病毒病毒我不怕》等等，

* 作者系昆山市实验幼儿园金谷园分园教师，幼儿园二级教师

帮助幼儿了解病毒知识，掌握科学预防方法，养成良好的卫生习惯。又如儿歌《七步洗手歌》《口罩歌》等，朗朗上口，简短易记，幼儿能在看一看、学一学中提高安全意识和自我保护能力。除此以外，我也会推荐一些防疫小知识到微信群中，建议家长带着幼儿在家一起认识新冠病毒，了解一些防疫小方法。

良好的亲子陪伴可以帮助幼儿更好地成长。疫情期间，家长也有了更多陪伴孩子的时间，怎样让这样的陪伴更有效、更高质量呢？我借助庞大的网络资源素材，搜集了一些适合在家开展的亲子小游戏视频，生动直观的画面让家长更便于学习和操作。妇女节是孩子向妈妈、奶奶、外婆表示感谢、送上祝福的最好机会，以往我们都会以此为契机开展活动，让幼儿制作小礼物送给妈妈，进行感恩教育。我在群里推荐了小视频《贺卡》，组织幼儿动动手，自己给妈妈做节日的鲜花贺卡，既锻炼了幼儿的动手能力，又表达了对妈妈的爱意。

（二）紧跟热点进行线上直播

线上直播是当今的一个热点，无论是游戏直播，还是带货直播，已成为生活中的一部分。线上直播教育教学作为教育界新兴的教育领域，尤其是在疫情期间，备受关注。互联网时代，有很多的直播软件，如钉钉、抖音、快手等。

疫情期间，我们每一个人都积极宅家抗疫。随着日子一天天过去，幼儿都很想念亲爱的老师。为了让幼儿提早“见”到老师们，我将活动室搬到直播间，与幼儿进行互动。我利用钉钉进行线上直播，幼儿见到了自己的老师和伙伴们，别提多高兴了。大家都七嘴八舌地讨论，有好多的话想说。我利用这个平台直播了一个手工课程《小章鱼》。小章鱼生动又可爱，深受幼儿的喜欢。怎样用一张简单的纸来做一只小章鱼呢？我先介绍了需要用到的材料，然后演示了制作过程，引导幼儿用剪刀剪直线，大胆装饰章鱼。幼儿认真倾听，积极尝试，动手操作。在他们灵巧的小手下，一只只可爱的小章鱼完成了，他们收获了成功的快乐。原先教学的“面对面”变成“屏对屏”，很好地激发了孩子的学习兴趣，幼儿新鲜感十足。

（三）微课录制重点突出

微课也是一种远程教学方式。它采用录播视频的方式，把教学内容利用简短的视频呈现出来。它的优点是主题明确，针对性强，重点突出，而且录制时间一般较短，深受好评。为了有效提高幼儿的动手能力，我选取了适合他们年龄段开展的内容，利用 Camtasia Studio 软件录制了视频，分享一些简便易操作的美工活动。比如微课“蒲公英”，以春天的蒲公英图片导入，引导幼儿在观察中了解蒲公英的外形特征，然后演示操作过程——用卷筒纸芯拓印出了一朵朵白白圆圆的蒲公英。微课录制下的操作步骤更清晰直观，利于幼儿掌握。幼儿在微课视频中感受到了蒲公英作品的画面美，参与创作的积极性都很高。微课视频里的步骤也有效化解了操作的重点和难点，幼儿看微课视频完成作品，成就感满满，感受到了美术活动的乐趣。

二、“云”上陪伴，拉近距离

（一）用趣味表情包去回应

在这个一言不合就“斗图”的时代，表情包已经占据了生活的一席之地，成为我们聊天时不可或缺的存在。

我们平时通过微信，更多的是与家长沟通，分享孩子在园的一些照片，或是反馈一下孩子的在园表现，很少会与孩子进行在线交流。放假期间，我们的班级微信群更冷清了，连着几天都可能没有任何消息。疫情期间，我通过各种方式，让幼儿的生活丰富起来。尤其是在幼儿完成作品、挑战成功的时候，我发现单纯地利用语音鼓励、表扬他们，有一丝丝单调且生硬，于是我用起了表情包，“赞！”“你真棒！”“加油哦！”“真厉害！”“比心”，一个个可爱的卡通表情，让原本全是文字、语音的聊天变得生动有趣。微信表情包让我感觉与幼儿的距离贴近了不少。这让我又多了一种走进幼儿的内心深处的方式。

（二）用感兴趣的话题去启发

幼儿园的晨间谈话为幼儿提供了一个畅所欲言的机会，幼儿可以围绕一个话题大胆表述自己的想法，大家都很喜欢。不能见面的日子，怎样延续这种热火朝天的讨论模式呢？我把晨间谈话搬到微信群聊，选取一些幼儿感兴趣的话题，引导他们积极表达，大胆讲述。比如说母亲节要到了，我让幼儿说一说自己眼中的妈妈。有的说：“我的妈妈每天在我还在睡梦中时就已经起床上班去了，每天晚上很晚才到家，但是她很爱我，她会做好吃的给我吃，给我讲故事，我很爱很爱她。”有的说：“妈妈给我买好吃的生日蛋糕、好玩的玩具枪，还有衣服。妈妈你真好！妈妈还给我讲故事，我觉得好幸福。妈妈，I love you！我想和妈妈永远永远在一起。”……幼儿在这样的畅聊模式中能大胆讲述，认真倾听，在潜移默化中提升自己的语言表达能力。

3. 用温柔甜美的声音去陪伴

故事作为一种最受孩子喜欢的形式，对幼儿来说有特殊的吸引力。一些好的故事，他们可以百听不厌。优美的语言、典型的人物形象、生动的故事讲述，深深吸引着幼儿，让幼儿增长知识，发展智力，受到感染和教育。

在互联网飞速发展的时代，网上已有很多语音故事，FM 广播故事也是现在比较新潮的。我们班的孩子很多喜欢听睡前故事，为了拉近我们彼此之间的距离，我挑选了一些比较适合孩子的故事，用荔枝 FM 软件进行录制，如故事《小蝌蚪找妈妈》《乌鸦喝水》《三只小猪》等，用我的声音陪伴孩子甜蜜入梦 。

三、打卡小程序助力习惯培养

幼儿园的教育要注重对幼儿各种习惯的培养。宅家生活缺少了老师的监督，他们能否坚持早起、自己穿衣、自己用餐呢？无意中，我发现了“小打卡”微信小程序，觉得可以通过打卡督促幼儿继续培养好习惯。

在疫情时期，洗手变得比往常更为重要。那些肉眼看不到的可怕病毒正威胁着我们的健康，洗手是我们能做的最容易也是最有效的防疫方法。幼儿通过直播已经掌握了七步洗手法，那在家是否能认真洗手呢？为此我向家长推荐了“小打卡”小程序，这个小程序方便又实用，深受家长的喜爱。幼儿可以在爸爸妈妈的帮助和监督下每日进行洗手打卡，逐渐养成洗手的好习惯。

除此以外，还有“今天我早起了”“今天我运动了”“今天我阅读了”“今天我自己用餐了”等打卡内容，我们能直观地看到幼儿的进步，幼儿也能通过“小打卡”看到同伴们的表现。

面对特殊的疫情、特殊的假期，每个人都在经历一段特殊的成长过程，幼儿也同样在这段时光里有所收获。

幼儿可以为自己的兴趣打卡。有的人喜欢阅读，那每日可以进行阅读打卡；有的人爱画画，那可以坚持画画打卡；有人说，运动能强身健体，那可以进行运动打卡……打卡不仅可以帮助幼儿养成并保持良好的习惯，还能培养幼儿的兴趣爱好。

四、多维呈现，收获成果

（一）“我”的生活圈

Ins、微博、微信……成年人在社交软件上记录、分享自己的生活，如果幼儿有朋友圈，会呈现怎样精彩的生活呢？

我引导幼儿用图片、语音或视频的方式，对“我的一天”进行记录，并分享到生活圈。暖暖春光，万物复苏，春天有太多的美好。虽然这个春天稍稍显得不同于以往，但在幼儿的世界里，感受“难忘春日”的这份心，只会更纯粹。为此我以“春天的发现”为主题，让幼儿对生活进行记录。

“老师，老师，我们家的蚕宝宝孵化出来了！”“我家的已经孵出来好几天啦！”“我看见我们家的小池塘里有小蝌蚪！”……对春天的发现，让幼儿的宅家生活又增添了一点乐趣。

（二）“我”的作品秀

疫情期间，幼儿在老师的引导下，在家长的陪伴下收获了很多。他们制作了可爱的小章鱼，送了妈妈妇女节礼物，和爸爸妈妈一起玩亲子游戏……家长们及时把幼儿的照片分享在群里。我也利用家长提供的这些照片，把幼儿的作品、成果，通过初页、美篇的形式记录下来，也算是幼儿宅家生活的点滴记录。开学时再利用空余时间分享给幼儿看。看到作品秀的时候，幼儿开心极了。“这是我和姐姐一起做的！”“这是我！”“诶，这是我做的小章鱼！”“水中花真有趣！”“我也成功了！”……我想，这就是我们的初心吧！

互联网把科技与传统教育相融合，有效架起了师生、家长“云”互动的桥梁，拉近了师幼之间的距离。“云”互动，让幼儿的宅家生活变得丰富多彩，“云”陪伴促进幼儿身心健康全面发展，让幼儿乐享“云”端，成长不延期。

疫情期间居家学习的“教”“学”“引”

□ 李明玉*

【摘　要】“停课不停学”是教育部为了延期开学期间不耽误正常的学习任务而采取的非常时期的非常手段，“线上教学”一跃成为2020年的热词之一。线上教学打破了传统的课堂教学模式，加速了信息技术与教学的深度融合，改变了教师的教法，也改变了教育的形态。而居家学习对学生的学法和家长的引导提出了新的要求。本文主张“教”“学”“引”三管齐下，减少疫情给教学带来的损失，真正做到疫情期间“停课不停学”。

【关键词】线上教学；居家学习；疫情

2020年初，新冠疫情打乱了原有的教学节奏。1月27日，教育部下发《关于2020年春季学期延期开学的通知》；1月29日，教育部提出利用网络平台开展教学，确保“停课不停学”的要求，“线上教学”成为2020年的热词之一。教育部门为了保证延期开学期间不耽误正常的学习任务而采取的这种线上教学方式，打破了传统的课堂教学模式，加速了信息技术与教学的深度融合，改变了教师的“教”、学生的“学”、家长的“引”，也改变了教育的形态。

一、线上教学怎样教

新冠疫情期间，教学模式从传统的线下课堂教学模式转变为线上教学模式，教师面临着巨大的挑战。如一些老教师平时很少用手机或电脑，不会使用录屏剪辑软件或直播

* 作者系昆山市城北中心小学校数学老师，中小学二级教师

软件；一些教师上课时忘了打开麦克风，下课后忘了关掉画面，或遇到技术故障无法解决。俗话说，“工欲善其事，必先利其器”，面对疫情，教师不得不转变传统教学理念，适应这种基于“互联网+”的线上教学方式的变革，用最快的时间熟悉平台操作，对腾讯课堂、钉钉等直播平台，微信、QQ、“学习强国”视频会议、腾讯会议系统等各种信息软件做到熟练运用，才能顺利开展线上教学，进一步提高信息技术应用能力，并能举一反三。如在统计每日数据时，有的教师想到了可以用编辑在线表格的形式，也有的教师利用问卷星 App，家长只需扫码如实完成问卷，学生的体温、有无外出等数据便一目了然，这对疫情期间人员流动的统计做出了重要贡献。

教师提前备课，利用视频、录课、直播等多种教学手段进行线上教学，及时发布和批改网上作业，并为学生答疑解惑；学生通过学习平台完成任课教师布置的学习任务，及时与任课教师沟通交流，保证学习质量，这为全面实施线上教学打好了坚实的基础。

二、线上教学怎样学

（一）自主学习是核心

居家学习环境下最重要的学习特点就是学生“自主学习”。家庭环境的差异导致学生在居家线上学习的过程中会遇到各种实际问题，如注意力不集中、缺乏监督、无法抵抗诱惑等，自觉和自律就成了一种重要的能力。因此，居家学习期间，合理安排学习和娱乐的时间是实现有效自主学习的基础。教师要指导学生根据自己的实际情况自主制订学习计划，规划学习空间，选择学习方式，确定学习方法，促进学习目标的达成。在向目标迈进的过程中，还要对学生进行方法的指导，按照计划完成学习后，学生可以适当给自己一些奖励，以激励自己持续学习。

（二）良好习惯是保证

教育家叶圣陶先生认为：“教育的目的就是培养习惯。”同样，在我国古代也早就有了“少年若天性，习惯成自然”的说法。如果学生在少年时期就养成了良好的学习习惯，那么他便会将追求知识、努力学习当成生活中一件重要的事情来对待，并能够轻松地步入更高层次的学习。在居家学习期间，良好的学习习惯可以充分激发学生对学习的渴望和兴趣，使其认真听课、主动思考、自觉完成作业，保证学习效率和质量，并在学习之余培养自己的兴趣爱好，充分满足自身的个性化发展。

（三）主动提问是关键

在传统的课堂教学中，教师会苦口婆心地指出本节课的重点，反复提醒，要求学生反复练习。学生逐渐依赖教师的讲解，不会自己去思考探究，也不会主动提问，导致学习成绩越来越不理想。而线上教学强调“短小而精悍”，需要学生自己去分析、理解知识点，弄清楚哪些知识点是自己已经掌握了的，哪些知识点是自己还模棱两可的。发现问题后能主动向教师提问，在教师的引导下找到问题发生的原因，然后自己找方法解决，并尝试举一反三。每个学生有自己的性格，对待问题的方式也不同，教师要学会观察学生存在的问题，找到适合他们解决问题的方法，并引导他们运用适合自己的学习方法去解决学习过程中出现的各种问题，鼓励他们主动提问，帮助学生提高自主学习的能力。

三、线上教学怎样引

疫情期间的线上课堂，教师“云”在线，看不见、摸不着学生，对学生的约束相对减弱，这时，家长的陪伴、引导至关重要。

（一）时间管理

居家学习阶段，学生或多或少会出现生活“黑白颠倒”、沉迷手机、学习效率低下等问题，这是居家学习的大忌。学生可以在家长的陪同下共同制订切实可行的作息计划表，对学习、运动进行时间规划，养成按规律起居的良好作息习惯。当然，学生每天的状态不一样，每天的学习内容有差异，作业的难度也不尽相同，所以要接受自己的速度有快有慢，根据自己的特点和每天的实际情况个性化把握时间。家长也要支持孩子自主支配时间，合理有效地管理时间，使孩子做到劳逸结合，张弛有度。

（二）共同学习

受疫情影响，很多家长也停工在家，一时间，线上教学从学生学变成家长和学生一起学，这是一种良好的状态。一方面，学生居家学习的情况真实反映了其在校期间的学习态度和学习情况，家长要善于发现和及时指出孩子自身存在的问题，激发学生居家自我管理的意识与能力；另一方面，家长对学生的学习内容有了进一步了解，不再轻易评价学习内容，对学习成绩不够理想的孩子，做到少发脾气、少发火，多鼓励、多宽容。引导孩子主动提问，养成良好的学习习惯，从而达到自主学习的目的。

（三）弘扬美德

“停课不停学”除了需要学习知识之外，弘扬家庭美德，传承良好的家风家训也是重要内容。居家学习延长了家庭成员共同生活的时间，也为家庭美德教育提供了良好契机。家长通过言传身教，用正确的道德观念塑造孩子美好的心灵，引导孩子学习抗疫英雄的模范事迹，鼓励孩子积极做时代新人。

“停课不停学”期间的超大规模线上教学实践发展了新的教学模式，其灵活创新的方法不仅维持了教学活动，而且给全球教育的未来带来了诸多启示。真正的居家学习是伴随孩子一生成长的长久学习形态，它远比学校学习更久远。如果把居家学习变成一个努力探索、明确定位、有意创设、培养训练的过程，着手积累经验和教训，让孩子形成良好的居家学习习惯，会给孩子的成长带来很大帮助。

疫情防控期间小学生数学线上学习效果研究

□ 景晓挺*

【摘　要】2020年初，一场疫情出现在中华大地上，居家成为最好的防护，线上教育成为孩子们学习的主要方式。本文就线上学习方式对于小学生数学的教学效果以及怎样提高线上学习的效率进行了探讨和研究。

【关键词】疫情防控；小学数学；线上学习；学习效果

一、线上学习模式与传统学习模式的差别

传统的教学模式，老师和同学在同一空间、同一时间进行教学活动。老师教授知识，学生学习知识，师生交流互动，教师对学生的学习进行指导与帮助。而线上学习在时间、空间、教学方式等方面都与传统教学有极大的不同。

（一）教学空间的改变

无论是学校，还是校外兴趣班，几乎都采用传统的教学方式，在教室中进行教与学，学生与同龄的孩子们一同学习。而线上学习，学习的地点成了每一个孩子的家里，孩子们与老师、同学都没有直接的接触，他们能接触到的只有电脑、手机，以及视频中的老师。通过视频中老师的指导，以及课后老师布置的任务，学生在家独自完成学习任务。

（二）教学时间的改变

线上学习的时间相对来说比较自由，很多线上教育平台都有重播的功能，以免学生因为错过时间而落下功课。所以，学生可以自主安排自己的学习时间，自由选择线上学

* 作者系苏州高新区达善小学校数学教师，小学二级教师

习的时间。

（三）教学方式的改变

小学数学课程的线上学习常常采用直播、录播、在线答疑、在线批改作业的方式。学生点开视频就能进行学习，如果有不理解的，可以暂停、重播视频，非常方便；有不会的可以与老师联系，老师会进行答疑；做好的作业需自己提交，提交后老师就可以进行批改。从线上学习的一系列方式中我们不难看出，在学习的过程中，学生与老师的互动减少，与同学的交流几乎为零，这是与传统教学模式大不相同的地方，学生更多的是依靠自己进行学习。

线上学习模式与传统学习模式的差别是很大的。总的来说，线上学习没有了老师在身旁监督、约束，会更加考验学生的自觉性，学习的效率跟学生的自觉性直接挂钩。

二、线上学习方式在疫情期间的作用

从实践经验来看，小学生放假时间越久，对学习的热情也就越低。假如延迟开学期间不进行学习指导，那么等开学的时候，学生将花大量的时间来调整状态，适应学习。甚至有些学生在假期里养成了不好的习惯，很难再全身心地投入学习中，对后面的学习造成很大的影响。

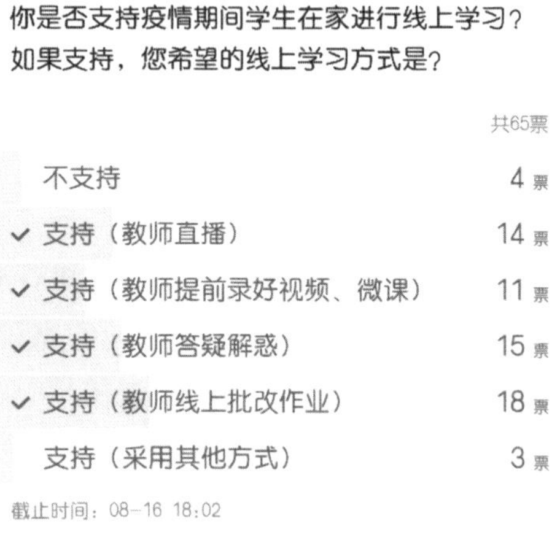

图1

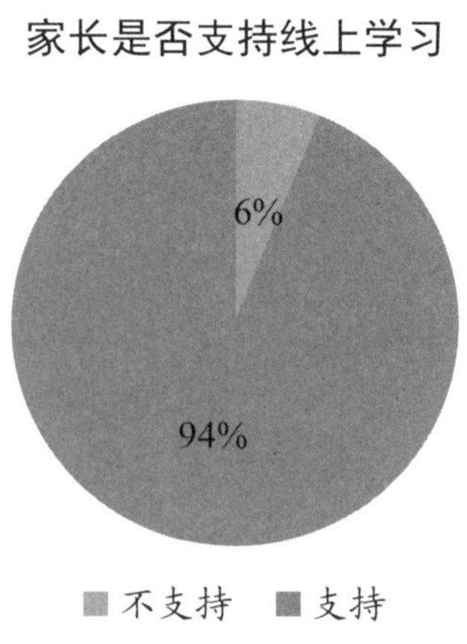

图2

线上学习恰好是减少这些问题发生的一个有效途径，为了解家长是否支持线上学习，我在我校随机选取了一个班级的家长进行问卷调查（见图1），并对结果进行分析（见

图2）。我发现绝大多数家长都是支持线上学习的，相信他们的孩子在疫情期间通过线上学习获得了不小的收获。

（一）线上学习提供了学习知识的途径

线上学习有老师进行视频讲解。老师不仅能在线上答疑解惑，还可以在线上批改作业。在老师的指导下进行学习远比孩子们自己拿着教材预习有效得多。以我自己的经验来说，我所任教的是三年级数学，疫情期间，我每天安排学生进行视频学习，根据学习内容布置作业，并及时批改、指导学生的作业，我班绝大部分学生通过线上学习掌握了三年级下册数学的基础知识。

（二）线上教育提高了学生自主学习的能力

正如在上文“线上学习模式与传统学习模式的差别”中提到的，线上学习时间、地点相对来说比较自由，学生可以自己安排学习内容与学习时间，这是对学生的一次考验，考验学生的自觉性、自我管理能力、自主学习能力。通过近三个月的线上学习，不少学生对于自己的学习有了明确的目标，也掌握了学习的策略。数学学科重视理解，因此如果遇到听不懂的可以暂停视频，自己理解一下后继续，或者重播一遍，遇到有疑惑的地方可以记下来，课后翻书或者在线上问老师。也有些孩子学会了遇到不懂的或感兴趣的就“百度一下”。这些都是可取的改变，是对学生数学学习有促进作用的。学生掌握的这些技能，相信对于今后的学习也是大有裨益的。

（三）线上学习增强了学生的学习兴趣。

各省市区平台上有很多线上学习的课程，我校教师也根据数学学习的特点，录制了一些“综合与实践”专题课，比如“间隔排列”“有趣的乘法”等，还布置了一些适合学生居家做的作业，比如制作指南针、制作时钟、根据课程内容绘制思维导图等，将漫长的假期变得丰富多彩。学生数学学习兴趣的提高不是一天就可以达成的，这是一个长期的过程，需要从学生喜欢的事物入手，增强学生解决问题的能力，提高学生的自信心等。经过调查研究，已经有一小部分学生在疫情期间通过线上教育，学习数学的兴趣增强，愿意将数学运用于实践，解决生活中的实际问题。

由此可见，疫情期间数学学科线上教育是大有必要的，不仅给学生提供了一个学习数学知识的平台，也是学生学习能力、学习兴趣得以提高的必要途径。但是，线上学习也不是百利而无一害的。经过调查研究（见图3），有一部分学生也因为线上学习的原因，学习习惯变差，学习成绩退步，主要表现为视力下降、自我约束能力变差、对于电子产品的依赖性过高等。

图3

三、线上学习方式存在的弊端

（一）学生视力下降

调查研究显示，绝大部分的家长都支持线上教育，认为这是在家学习的有效途径，但也有几位家长持反对意见。我对其反对原因进行了解，原来是因为家长认为线上学习的方式让孩子花了太多时间看电脑、电视，导致视力受到严重影响。我班有两名学习成绩、平时表现都非常好的学生，在疫情期间，他们除了按照老师的要求按时观看线上教育视频，还会因为自己感兴趣而额外看一些其他学科的视频。学生学习积极性高，掌握了很多知识，这本来是一件好事，但这两名学生由于长时间盯着电脑或电视机，导致用眼过度，需要就医，且需要很长一段时间的恢复期。

据了解，多数家长对小学阶段孩子看电视、玩电脑都有一个时间限制，这样的方式大大减少了孩子与电子产品的接触，确实对保持良好视力有很大的帮助。而学习从线下转移到线上，学生看电子产品的时间大幅度提高。众所周知，多看电子产品确实会影响孩子的视力的，那么线上学习对学生视力的影响也就可想而知了。

（二）学生自我约束能力变差

多接触电子产品，除了上述所说的可能会导致学生视力下降外，还可能会导致学生学习成绩下降，根本原因是学生的自我约束能力差。

学生自己观看视频时，认真看了吗？有带着思考去看吗？老师提出的问题回答了吗？这些除学生本人之外，没有人知道。缺少互动、缺少个别关注会使学生自我约束能力变差，这在一定程度上降低了学生学习的效率。

作业方面，数学作业不像语文、英语作业那样，需要进行基础的默写，数学重视的是学生的理解能力、举一反三的能力。学生做题时，常常会因为忽视某些要素而出错，需要老师进行讲解。为了方便学生学习，数学教师们常常采用录制视频或直播讲解的方式，但很难保证学生真正听懂了。如果是自我约束能力弱的学生，可能错了也不看视频讲解，不订正。

此外，线上学习需要学生主动完成并提交作业，那么不交作业的学生会怎么样呢？老师会提醒，再不交则会发消息催促，实在不行可能会打电话给家长催作业。但假如所有方法都试了，学生还是不交作业，该怎么办呢？恐怕老师也无可奈何了。长此以往，不交作业就成了一种习惯，这样，学生学习的效率自然就降低了很多，学习成绩也就会有明显的退步。

（三）学生对电子产品的依赖性变强

有不少家长在学生居家学习期间和开学后，都跟我抱怨，说孩子自从进行了线上学习后，越来越难管了。比如本来家长上班不在家时，是给家里断网的，但为了让孩子学习必须把网络开着，这就方便了孩子玩手机、玩电脑、打游戏。有的家长说，平时看到孩子玩电脑，会马上制止，但现在当孩子发现家长出现在自己周围时，会以最快的速度，从游戏界面切换到学习界面。家长即便知道孩子的这波操作，却也不知如何解决。还有的家长对于孩子经常与同学打电话、微信聊天很无奈。有家长表示，孩子有了手机后，常常要跟同学聊天，一个月话费高达 100 多元……

试问，遇到孩子有上述行为，家长到底应该怎么办呢？有些人可能会说，发现问题就批评、教育孩子，跟他们讲讲道理，但这样做真的就能改变现状，让学生专心进行线上学习吗？相信广大小学教师都很清楚，答案一定是否定的。小学阶段的学生，自控能力相对较差，光靠家长批评、教育根本无法解决其沉迷于玩手机、玩电脑的问题，毕竟电子产品对学生的吸引力实在太大了。

（四）数学学科本身与线上学习方式不匹配

数学学科是一门需要学生探索、发现、研究的学科。传统模式的数学课堂，老师会组织学生独立思考、同桌交流、合作探究等，通过这些方式抓紧学生的注意力。同时老师也会密切关注学生的学习状态，对于上课时发呆、开小差的学生，老师会点名提醒；对于没有完成课堂作业的学生，老师会一而再再而三地督促；对于作业完成马虎的学生，老师也会进行适当的批评；对于学生掌握不好的知识点，除了课间辅导外，老师也会与家长沟通，让孩子回家继续进行相关题型的练习……通过一系列的方式，提高学生的学习效率，培养学生的自觉性，学生知道老师很重视自己的学习，老师、家长也不允许他对自己不负责任，慢慢地，自己也就不敢懈怠了。

而线上学习的教师纯讲、学生纯听模式并不适合数学学习。在线上学习过程中，学生缺少了思考的时间，缺少了独立解题的时间，缺少了同桌讨论、合作交流产生思维碰撞的环节，缺少了从动手实践中获得结论的环节，同时也缺少了教师的课堂反馈。这些内容的缺失，对学生知识点的掌握来说是极其不利的。这也是小学数学老师普遍认为线下学习优于线上学习的原因。

四、结语

随着科技的发展，网络学习将会是一种重要的学习方式。线上学习是此次疫情期间尝试的一种新型学习方式，是老师、家长、学生对于网络学习的一次适应。线上学习的作用不容小觑，若非有线上学习，绝大多数学生都将荒废这三个月的时间，无所事事。很多家长支持线上学习，也恰恰说明了他们在实践中发现线上学习对于学生来说是有意义、有价值的。

虽然小学生数学线上学习暴露出了一些问题，但是我认为只要我们今后多思考、多研究，在线上学习的方式、时间、内容等方面找到最优值，并积极与家长取得联系，得到他们的支持。家长、老师在线上学习中相互配合，共同促进学生的学习，那么线上学习一定会发挥出巨大的作用。

参考文献

[1] 徐建林．指向学力生长的小学生数学线上学习 [J]．江苏教育研究，2020,(11):40.

[2] 屈小玲．疫情防控背景下线上教学问题及对策探究 [J]．华夏教师，2020,(20):49.

“支架理论”下疫情期间线上教学的启示与建议

□ 赵宝韵*

【摘　要】2020年初爆发的新型冠状病毒肺炎疫情，传播速度之快、感染范围之大、影响领域之广，史上罕见。疫情对传统教学方式提出了巨大的挑战。在“停课不停学”的要求下，线上教学成为稳定教学秩序的必然选择。长期以来，线上教学一直作为常规课堂教学的补充学习方式，此次首次大规模应用，出现了诸多问题。基于此，本文通过对疫情防控背景下线上教学的现状进行分析，并将其优势和劣势进行罗列，进而得出以支架理论为基础，提升疫情之下线上教学有效性的建设性意见。

【关键词】支架理论；线上教学；启示；建议

2020年初爆发的新冠疫情让线上教学成了稳定教学秩序的必然选择。如何提升线上教学的有效性？笔者以支架理论为基础，开展了针对疫情期间线上教学的探究。

一、基于支架理论的线上教学

支架理论是源于建构主义理论下的一个分支理论。支架理论强调已学知识和新知识之间的联系，强调以学生为主体，以搭建的支架为桥梁帮助学生主动构建知识体系。支架理论力图构建一个学习支架来支撑学生进行学习，包括帮助学生更好地学习知识和调节自我，其中，教师能够起到引导和示范的作用。根据学生智力的最近发展区，学习支

* 作者系苏州市工业园区第二实验小学教师，中小学二级教师

架起到了帮助学生从现阶段更好地发展到更高阶段的作用。在学习支架的帮助下，学生将逐步减少对教师的依赖，将整个学习过程逐渐内化，最后发展到脱离支架、自主学习的阶段。同时学习支架在使用过程中，其表现形式也是多种多样的，诸如老师提问、举出范例、给出建议、以表格图表形式展现学习任务等都是较为常见的表现形式。

线上教学指的是借助网络平台进行教学的一种新型教学方式。随着互联网的发展，线上教学越来越普遍。而基于支架理论的线上教学，则选择以互联网为平台和跳板，通过提供的网络“支架”来建立支架式教学模块，使其与网络课程的发展和实施相融合。通过这种线上教学，让学生跳出局限，在网络环境下灵活学习、自主学习，并从中获得团队协作意识和探究能力，帮助学生实现个性化发展和提高学习水平。受此次新冠疫情的影响，线上教学更为普及，探究如何将线上教学与这种支架理论支撑下的教学模式相融合，具有十分重大的意义，所以加深关于支架理论支撑下的教学研究和完善线上教学质量是当下和未来很长一段时间内的重要研究方向。在笔者看来，加强和完善疫情背景下的线上教学有效性在很大程度上与支架式教学理论的核心观念相关。

二、疫情期间线上教学的有效性分析

支架理论的理论基础是苏联著名教育家维果斯基提出的最近发展区理论。简单地说，学生在处于一个能通过指导而掌握某种技能或知识的区域，通过为他们搭建一个支架，帮助他们成功掌握技能。随后这个支架会成为他们已习得的知识。与传统的教学模式相比，线上教学具有较为丰富的学习资源和较为灵活多样的学习方式，同时，学生的学习时间也更为灵活自由。除了这些独特的优势，线上教学的弊端也同样存在，比如线上教学对于学生自制力和自主性的考验更为艰巨，网络资源冗杂且参差不齐。此外，线上教学中学生缺少与老师的互动交流，从而难以保证学生的学习质量和成效。为了完善线上教学，实现教学目标，学校需要综合各方面的考虑，对学习活动进行周密的安排和精心的组织，要充分利用线上教学的优势，同时也要尽量规避线上教学的劣势，以保证疫情背景下线上教学的有效性。

支架理论应用于线上教学，有十分深厚的现实基础。根据数据统计显示，截至 2019 年 6 月底，总计有 16 亿用户在使用中国移动、中国联通和中国电信的移动电话。其中有 12.3 亿的用户使用的均为 4G 网络，约占总用户的 80%。同时，在中国，人们对于智能手机的使用已十分普遍，高校学生的智能手机使用更是几乎达到了全覆盖，因此线上教学有一定的设备基础。由于线上教学起步时间并不长，学生的自我学习意识还不高，所以疫情期间的线上教学，在相当程度上仍然依靠学校和教师的组织，即学生在很大程度上仍然依赖于教师的安排和指导。

同时，根据 iiMedia Research 显示（见表 1），40.9% 的受访教师认为疫情期间线上教育的劣势是课堂管理的缺失，39.6% 的受访教师认为线上教育教学质量不高，超过 30% 的受访教师认为该方法使教学不连续、教学结果跟踪困难。不难看出，面对如此广泛的学生参与群体，在线上教学中教师如何保证教学任务的完成以及对学生学习的监督就成了一个非常棘手的问题。因为线上教学具有特殊性，学生和老师无法面对面地沟通，督导的方式也十分局限且单一。

2020年中国学生/家长对疫情期间线上教育劣势调查（对教师而言）

课堂管理缺失	40.9%
教学内容质量不高	39.6%
网络卡顿，教学不连续	38.7%
教学结果跟踪困难	33.6%
教师容易不负责任	23.8%
效率低下	11.5%

表1

此外，为顺应此次疫情期间线上教学的大潮，许多公司和商家推出的多款应用软件，如腾讯课堂、腾讯会议、钉钉以及各种直播软件起到了协助作用。这些软件能够根据教学对象发挥诸多个性化的功能，能够很好地满足教师教学中的不同需求。

根据艾媒咨询的调查显示（见表 2），48.5% 的受访学生认为疫情期间线上教育的劣势是注意力容分散，44.3% 的受访者认为线上教育不能随时向老师提问，超过 30% 的受访者认为该学习方法缺乏监督，效率低下。不难看出，尽管拥有如此多可供选择的应用软件，也并不能保证线上教学的顺利进行和线上教学效果的达成。无论是教师还是学生，都难以对线上教学的效果下定论，所以线上教学的效果仍然是一个未解的问题。

2020年中国学生/家长对疫情期间线上教育劣势调查（对学生而言）

注意力容易分散	48.5%
不能随时向老师提问	44.3%
缺乏监督，效率低下	39.6%
网络卡顿，听讲不连续	32.3%
对视力不好	21.7%
登录注册操作麻烦	14.9%
一对多不利于学生学习	3.8%

2020年中国学生/家长对疫情期间线上教育效果预期的调查

比在校学习效果差	55.3%
基本无异	24.3%
超出在校学习效果	20.4%

表2

综上可以发现，尽管网络的发展为线上教学提供了良好的教学条件，但是线上教学过程中老师和学生之间的空间距离，使得教学效果更多地受学生的参与程度和理解能力的影响。而支架理论则可以帮助学生构建学习支架，更好地理解所学内容，因此具有应用于线上教学的实用价值。

三、运用支架理论提升疫情期间线上教学有效性实施

（一）课前充分准备，找准学生最近发展区

最近发展区即学生在教师的指导下所能达到的解决问题的水平和独自解决问题所能达到的水平之间的差异。把握学生的最近发展区有利于教师精准施教，提高教学质量。

从教学的本质上说，支架式教学方法是一种预期教学，即教师在能够预测学习者的知识掌握水平的前提下进行教学。教师在预测时应注意到对学生最近发展区的把握，进而根据预设的学习目标对教学的支架进行搭建，在搭建支架时应注意到学生的学习特点、知识水平等因素。

对学生最近发展区的精准把握对于教师而言尤为重要。一般来讲，由于教师对学生的了解往往停留在课堂上的短暂交流，对于学生的现有知识水平和学生的兴趣难以把握，从而使得贴近学生生活的学习情境难以创设，教学支架难以搭建。根据已有的心理学研究发现，当学生的最近发展区与学习目标不能及时匹配时，学生的学习热情会难以持续，学生学习兴趣的保持需要教师从中进行调节。一个班集体中，学生的学习能力和特点是不尽相同的，所掌握的知识水平也是不同的，只有当“脚手架”以这些已有的知识和经验为基础，才能最大限度地激发学生参与学习的兴趣。因此找准不同层次学生的最近发展区，并按需搭建支架，是疫情期间在线上教学中实施支架式教学的前提。

例如在小学数学线上教学备课期间，首先应该对上课学生的学习水平进行评估，根据每个学生的不同水平来授课。然后，课下进行针对性的内容设置，实现个性化教学，帮助学生更好地进步。这就是利用支架理论中学生的最近发展区对学生进行针对性的培育。

（二）活用支架内涵，以兴趣代督导

对于教师而言，教学模式的形成可能源于日积月累的教学实践。支架式教学模式对于部分老师而言，仍然存在对支架内涵的理解上较片面、浅显的问题，往往表现为对支架的外延了解不清，内涵了解不透。线上教学，教学在形式上虽然借助互联网工具变得便捷，但在内容上仍然需要教师对于支架式教学模式的灵活应用。

教师在进行授课时，学习的支架可以是课上的一个抢答、一个练习或者一个课堂活动等，但是这些支架的搭建需要建立在对教师所教授的知识点进行引导、示范和调节之上。一页英文 PPT、一段原声对话，只要符合教授内容，并且容量适宜，能够帮助学生弥补最近发展区之间的差异，在大脑中形成完整的知识建构，都可称为支架。同时，有必要说一下教学策略，在线上教学中，教学策略的选择往往是多样的，与教学支架是相互影响、相辅相成的。一个教学支架往往需要不同的教学策略进行搭建，一个教学策略往往可有多个教学支架支撑。

归根结底，无论是教学策略的选择还是教学支架的搭建，其最终目的都是为了提升线上教学环境下学生的自学能力。因此，只有教师充分理解和把握学生最近发展区，灵活运用支架理论内涵，以吸引学生学习兴趣代替督促，才能从根本上推进学生能力的发展。

（三）强化师生互动，以对话代管理

支架理论所反映的支架式教学模式，是一种存在于教师和学生之间的对话交流。这种对话交流是以师生之间的社会因素、个人因素和认知因素为中介的。教师通过这种对话式教学，使得学生的能力逐渐得到提升。

轻松、安全的学习环境是唤醒每一个学生学习兴趣的动力源泉，这种学习环境的构成需要教师和学生的共同努力。通过教师与学生之间不断地互动交流，可以减轻学生的心理负担，进而提高学习效率。在线上教学模式下，教师与学生的交流更为直接，可能一次简单的微信对话、钉钉聊天都会促成教师和学生之间的良性互动。基于此教师应把握住线上教学工具的便捷性，积极开展对话式教学活动，为学生创造一个轻松、安全且自律的学习环境。

四、总结

通过上述分析，不难发现，在新冠肺炎疫情防控的背景下，线上教学虽然为学生不间断地学习提供了帮助，但是网络学习和实景学习给学生带来的巨大的心理和生理上的差异，使得疫情防控背景下线上教学的有效性不尽如人意，教学准备不足、督导不够等等问题都是线上教学有效性提升的巨大障碍。因此，若要从根本上改善线上教学的有效性，提升学生尤其是小学阶段的学生的学习兴趣，基于对支架理论的分析成果，教师在进行线上教学时不仅应准确预测学生的学习能力，找准其最近发展区，还应在备课过程中充分把握好教学难度，善于设计和灵活使用学习支架。智能设备的普及虽然使得学生对线上教学的参与度极高，但同时也对教师造成了督导上的困难。通过支架理论的分析，我们知道了在教学过程中，教师更应该是一个观察者和聆听者，而非只是一个督促者。教师通过观察学生的学习情况和与环境的互动情况等，可以更好地支持和引导学生进行探究学习。因此师生的互动交流必须贯穿于整个教学过程中。

参考文献

[1] 陈平．提升新冠疫情期间线上教学效果的途径研究 [J]．黑龙江教师发展学院学报，2020，39(05)：13-16.

[2] 张成尧．疫情防控时期中小学线上教学的困局及纾困之策——基于教学基本要素角度 [J]．辽宁教育，2020(10)：11-15.

[3] 彭刚．核心素养条件下如何培养小学生的数学应用意识 [J]．科学咨询（教育科研），2020(08)：137-138.

[4] 张雄．基于核心素养的小学数学特色课程构建研究 [J]．科学咨询（教育科研），2020(08)：153.

[5] 白银艳．新课改下的信息技术和数学教学的相互渗透 [J]．科学咨询（教育科研），2020(08)：172-173.